作者簡歷

一、學歷：

東吳大學 歷史學系
中原大學 宗教研究所
以色列耶路撒冷希伯來大學 - 希伯來語第六級(最高級)文憑

二、以色列相關經歷：

2012.11 - 2013.5　以色列國際志工 Kibbutz Samar。
2014.9 - 2015.4　以色列國際志工 Kibbutz Ein Gev。
2015.7 - 2017.6　耶路撒冷希伯來大學主修希伯來語。
2016-2017　在以期間曾四度受邀至以色列國會中文-希伯來文-英文翻譯。
2018.3　創辦妥拉坊，推廣希伯來語與妥拉學習。
2018.3 - 2020.6　基督教網路平台:鴿子眼「奧秘之鑰-解鎖妥拉」、「創世奧秘-文字智慧: 22 個希伯來語字母解析」主講人。
2018.12 - 2020.12 以色列聯合呼籲組織台灣分會妥拉講師。
2019.10 迄今　政大公企中心 現代/聖經希伯來語、妥拉講師。

三、參與講座：

2018.12　以色列教育思維影響力論壇:「踏進人生的應許之地-以色列經驗的個人生命省思」，由迦樂國度文化主辦。
2019.4　妥拉:生命之道 猶太文化藝術展(台南場)，主講「出埃及記文本詮釋及其宗教意涵」由猶沐文化主辦。
2019.9　政大公企中心,「智慧之鑰-希伯來語」。
2019.10　妥拉: 生命之道 猶太文化藝術展 (台北場)，共四場講座:「猶太人的精神食糧:妥拉、猶太人的教育思維、上帝的文字:希伯來語、上帝的行事曆」。由猶沐文化、正義美學主辦。
2020.8　妥拉藝術文化展:共生共存,「奇布茲:以色列志工經歷的省思啟示」。由猶沐文化、正義美學主辦。

妥拉坊自 2018 年 3 月創辦以來，亦不定期自行舉辦希伯來語、及妥拉相關的課程及講座。

作者序

由基督教網路平台:鴿子眼策畫,以基督徒的角度來讀妥拉,冀望用深入淺出之方式來介紹妥拉的「奧秘之鑰-解鎖妥拉」這一系列影片拍攝計畫,前後歷時兩年多,從 2018 年 3 月開始至 2020 年 5 月結束。筆者有幸,受邀撰寫該計畫的所有影片腳本 (逐字稿) 的內容,從「創世記、出埃及記、利未記、民數記、申命記」共 54 段妥拉、以及「耶和華的節期」、和「創世奧秘-文字智慧」22 個希伯來文字母解析。以上內容文字,共逾六十餘萬字,拍出 300 多支的影片。

自 2020 年 5 月拍攝結束後,筆者開始將這些文字整理成冊,以待日後出版成書,從創世記、出埃及記、利未記、民數記、申命記、耶和華的節期、和 22 個希伯來語字母解析,共 7 本書。

讀者拿在手上的這本《奧秘之鑰-解鎖妥拉:民數記》就是根據原先拍攝的影片腳本 (逐字稿) 擴充而來,文中多加了些許的註腳,俾使文本的質量更加豐富。

現在回首,能完成這麼龐大的計畫完全是上帝的恩典,感謝鴿子眼及 Betaesh 的團隊在過去的協作和支持,特別是 Kevin 若沒有你的發起和全力支持,這個計畫是不會發生的、Peter & Jill 若沒有你們堅持到底的精神和堅毅的執行力,在當中居間協調並解決各樣大小問題與狀況,那這個計畫是不可能會完成的。最後感謝元萍的影片後製,若沒有妳精準和過人的細心,這麼大量的希伯來文字-卡和希伯來文經文是不可能這麼整齊漂亮的出現在影片上。

也特別感謝愛生協會/以色列聯合呼籲組織台灣分會會長 Richard & Sandy 的邀請,讓鹽光能完整分享兩年的妥拉課程,每次預備分享課程的內容,以及思想咀嚼你們所提出的每個問題時,總能使鹽光更加深對於每段妥拉深入又多面向的思考。

另外,也特別感念香港夏達華總幹事黃德光老師的指導,在撰寫腳本期間,您總是願意耐性地看完我內容冗長的文字,並給我方向和激發我作進一步的思考。筆者兩次赴港,去到夏達華聖經文物博物館參訪期間,也承蒙 Amelia,Alison,Henry 等老師的熱情接待與照顧,在此一併致謝。

在拍攝-寫作期間,也感謝不少人默默地給予支持和奉獻,在此特別謝謝 Eva 姐,以及 Steve 哥 & Connie 姊。

最後,感謝我的父、母親,沒有你們全然放手,全然支持我的「以色列信心之旅」那就不會有現在的我,也感謝我的岳父、岳母,寫作期間還特別買了一部筆電讓

我能進入高效能地寫作狀態，也特別感謝岳母 洪博士，於百忙中還願意幫女婿校稿。還有我最摯愛的太太(現正懷著八個月大的女兒:鍾馨)，若沒有妳對我的「不離不棄」和「完全的信任及全部的支持」，這個妥拉拍攝-寫作的如此龐大的計畫是不可能成就的。

感謝上帝，感謝祢的恩典，感謝祢所賞賜的一切。

格式與範例

一、**QR Code**.

在本書中，讀者將會看到許多 **QR Code**.(上面正方形的圖案)。在每段妥拉的標題，和正文當中五個分段的標題旁邊，都會出現這些 **QR Code** 的方型圖案。

正如前文在作者自序中所述，這一系列《奧秘之鑰-解鎖妥拉》的著作，原先是一項大型拍攝計畫: 54 段妥拉，每段妥拉再細分成 5 支短信息的影片。本計畫始於 2020 年 6 月拍攝結束後，陸續將近三百支影片全數上傳至基督教網路福音平台: 鴿子眼 Youtube 頻道。

而本書《奧秘之鑰-解鎖妥拉: 民數記》，及其後即將出版的出埃及記、申命記、耶和華的節期、及希伯來文 22 字母釋義，皆由筆者原先為著拍攝計畫而寫成的「影片腳本 (逐字稿)」所進一步「擴充」而成。

在這些腳本(逐字稿)中，正如讀者在本書中將會看到的，會有許多的希伯來經文和字詞，若讀者也想同步學習及聆聽這些**希伯來文**的正確發音，即可以用手機來「掃描」這些 **QR Code**. 連結到對應的妥拉影片，和本書一起閱讀視聽，順便學習經文當中一些重要的**希伯來文**的字詞和概念。

二、本段妥拉摘要

在每段妥拉的第一頁，都會有一份「本段妥拉摘要」的文字內容，此摘要放在每段妥拉的頁首，目的是希望讀者可以先透過此摘要內容，來對這一段妥拉有個初步整體的、提綱挈領的理解和認識。

三、經文「伴讀」

在每段妥拉的第二頁面左上角，會列出本段妥拉的經文範圍，及其相關的伴讀經文。例如民數記 No.1 妥拉 <在曠野> 篇第二頁，讀者將會看到如下的經文編排：

民數記 No.1 妥拉 <在曠野> 篇（פרשת במדבר）

經文段落:《民數記》1:1 - 4:20
先知書伴讀:《何西阿書》1:10-2:20
詩篇伴讀: 122 篇
新約伴讀:《馬太福音》4:1-17、《羅馬書》9:22-33、《哥林多前書》12:12-31

關於妥拉讀經的「分段」[1]，以及和本段妥拉信息相關所搭配的「先知書伴讀」[2]，這個讀經的傳統至少已有 1500 年的歷史。「詩篇伴讀」[3] 也是由猶太先賢們找出和本段妥拉信息、內容「能彼此呼應」的篇章作伴讀，目的也是讓讀經的人，能更加深對本段妥拉的經文理解。最後的「新約伴讀」則是作者參考幾個權威性的「彌賽亞信徒 (信耶穌的猶太人)」的網站 [4] 彙整而來。

以上的讀經方式: 猶太人 (包括信耶穌的猶太人，即所謂的彌賽亞信徒) 讀妥拉「搭配」一段與其經文「信息內容」相關的先知書、詩篇、以及新約經文，其實是一種「以經解經」的讀經方式。透過妥拉、以及所搭配的先知書伴讀、詩篇伴讀、新約伴讀，各處的經文彼此「互相呼應」、「前後融貫」，這些經文本身即能「架構出」一幅較為完整的圖像，提供一幅「全景式」的讀經視野。

此外，在各個節期中如 逾越節、五旬節、住棚節……等，歷世歷代的猶太人也都有各自「選讀」的經文段落。在這些節期中，透過這些「選讀的經文」，也更能深刻地「對準」經文的深層意涵。[5]

---

[1] 關於妥拉讀經的「分段傳統」，另參 黃德光，《道成了肉身-約翰福音猶太背景註釋(2)》，夏華達研道中心，2019 年 10 月第一版，頁 194-201，〈第十二課、古代會堂的讀經傳統:讓人驚訝不已的彌賽亞聯繫〉。

[2] 妥拉讀經的分段及先知書伴讀的分段，筆者主要參考 Nosson Scherman. *The Humash-The Torah, Haftaros and five Megillos with a commentary anthologized from the rabbinic writings.* (חמשה חומשי תורה עם תרגום אונקלוס פרש״י הפטרות וחמש מגילות), Artscoll Mesorah Publications. 2016. 以及 Adin Even-Israel Steinsaltz. *The Steinsaltz Humash-Humash Translation and Commentary.* (חומש שטיינזלץ עם ביאורו של הרב עדין אבן-ישראל שטיינזלץ), Koren Publishers Jerusalem. 2018.

[3] 詩篇伴讀，見 Rabbi Menachem Davis. *The Book of Psalms with an interlinear translation.* (ספר תהלים שמחת יהושע) The schottenstein editon, Artscoll Mesorah Publications. 2016. Xix.

[4] 例如 *Hebrew for Christian.*, *Bibles for Israel and the Messianic Bible Project.*, *First Fruits of Zion.*。書本的部分，見 David H. Stern. *Complete Jewish Bible.* Jewish New Testament Publications .1998.

[5] 詳見筆者拙作《奧秘之鑰-解鎖妥拉:耶和華的節期》，在本書中會把所有節期相關「選讀及伴讀的經文」羅列出來。

四、妥拉「標題」

行文中，每段妥拉的「標題」皆以「雙箭頭-粗體字」做標示，目的是要凸顯出
這段妥拉的「主題信息」，因為每段妥拉的重點信息大抵都會圍繞在「標題」上，
例如下文：

民數記第一段妥拉標題<在曠野>。經文段落從民數記 1 章 1 節到 4 章 20 節。
<在曠野>這個標題，在和合本中文聖經，民 1:1：

> 『以色列人出埃及地後，第二年二月初一日，
> 耶和華 在(西奈的)**曠野** 會幕中曉諭摩西說：』

> וַיְדַבֵּר יְהוָה אֶל-מֹשֶׁה *בְּמִדְבַּר* סִינַי בְּאֹהֶל מוֹעֵד
> בְּאֶחָד לַחֹדֶשׁ הַשֵּׁנִי בַּשָּׁנָה הַשֵּׁנִית לְצֵאתָם מֵאֶרֶץ מִצְרַיִם לֵאמֹר

這段妥拉的標題：<在曠野>(*בְּמִדְבַּר*) 就是希伯來經文原文民 1:1 的第五個字，這
個字(*בְּמִדְבַּר*) 就是民數記第一段妥拉的標題。

在進入這段妥拉的主題之前，先來讀一段經文，耶利米書 2:2：

> 『你去向耶路撒冷人的耳中喊叫說，耶和華如此說：
> 我記得 妳年少時的恩愛，新婚時的愛情，
> 妳怎樣<在曠野>-在未開墾之地跟隨我，』

五、整段「淺灰」

行文中，若一些「字詞和概念」是筆者欲加強的閱讀重點，這些「字詞和概念」
同樣會以「粗體字」作標示。若「一整段」是筆者認為的「重點內容」，那這「一
整段」的文字會以「淺灰色」全部覆蓋，例如下文：

<在曠野>之前「人人平等」，<在曠野>沒有人會擁有自己的房子、田地、和牧場，
沒有人是比較有錢，或是比較貧窮，<在曠野>當中，大家為了生存下去，必須
要互相幫忙、互助合作。

最後，<在曠野>這個「寂寞靜謐-一無所有」的環境中，人們才有可能「完全地」

轉向神，人們也才有辦法「專注地」面對神。

這就是為什麼耶和華神，要在以色列百姓出埃及後，領他們去到<曠野>的原因，因為<在曠野>能更清楚專注、心無旁騖地聆聽到「神的話」，<在曠野>中，百姓可以經歷到內心深處「更深刻的事物」。

這確實如此，因為以色列百姓就是<在曠野>，在西奈山聽到「神說話」的聲音，並且領受十誡和一切聖法，以色列百姓也正是<在曠野>中，把神的居所，也就是會幕給豎立起來，<在曠野>以色列百姓學習耶和華神所頒佈一切律例、典章、法度。

六、問題與討論

每段妥拉最後的結尾，皆會提出五個問題，問題的設計主要是幫助讀者「複習」本段妥拉的重點信息，或更進一步激發讀者對本段妥拉內容做「更深層的思考」，底下，以民數記 No.1 妥拉 <在曠野> 篇為範例：

<u>問題與討論</u>：
1. 民數記第一段妥拉標題<在曠野>。以色列百姓<在曠野>經歷了哪些「重要事件」？ 為什麼耶和華神領以色列人出埃及後，沒有直接帶他們進迦南地，而是先讓他們<在曠野>生活？

2. 民數記開頭，耶和華神<在曠野>對以色列全營作「數點、徵兵、整備、建軍」的布署動作，是在為「進入迦南地」做萬全整備。可以猜想，或許耶和華神原來的計畫，是要以色列百姓<在曠野>的第三年，或第四年，就能成功地過約旦河，得地為業。但，為何後來卻「停滯不前」，以色列百姓<在曠野>竟漂流了 40 年之久？

3. 在以色列人出埃及到曠野的這一過程中，從哪些事情上你可以看出耶和華神是一位「有計畫的神」？ 你是否相信神的計畫一定是最完善、最有效率，也是最好的？ 特別是當神的計畫和你自己的計畫不一樣，或互相矛盾時，你願不願意「放下」自己，單單相信「神的計畫」？

4. 民數記 2:2：『以色列人要按自己家族的旗號，各在自己的旗幟下安營，他們要「對著會幕的四圍」 安營。』 12 支派，分成四個營，安營的座標，都是

「以神為中心」，或說，**以神的居所:會幕為中心**。在這個安營的邏輯和原則中，我們看到，有一項很重要的屬靈真理，這也可說是神國的第一定律，請問這項屬靈真理和定律是什麼？

5. 以色列四個「營旗上的圖騰」各是什麼？ 這「**四活物**」還有出現在整本聖經的哪些書卷和段落中？ 在這些段落的內容裡，和四活物一起一併被提到的是什麼？

七、妥拉讀經進度

如前文所述，妥拉的讀經進度，按照猶太人傳統，於一年內會把 54 段妥拉讀畢，若遇「節期」，譬如 逾越節、五旬節、住棚節……等等，也都會有相關的妥拉-先知書-詩篇和其他書卷的伴讀經文 [6] ，如果讀者希望可以試行一年的妥拉讀經進度，可以掃描上面標題「妥拉讀經進度」右邊正方形的 QR code.將妥拉坊的妥拉讀經進度的 Google Calendar 嵌入，即可知道每週的讀經內容。

---

[6] 在猶太人的讀經傳統裡，不同的節期，會搭配不同的書卷一起伴讀，譬如在逾越節，猶太人會讀《雅歌》。到了五旬節，猶太人會讀《路得記》。住棚節，猶太人會搭配伴讀的書卷是《傳道書》。聖殿被毀日，猶太人會搭配《耶利米哀歌》一起伴讀。普珥節，猶太人則會伴讀《以斯帖記》。在贖罪日，猶太人會讀《約拿書》。關於節期搭配相關書卷伴讀的內容，詳參《奧秘之鑰-解鎖妥拉:利未記》No.6 妥拉<死了之後>篇之第四段「贖罪日與約拿」。

參考資料

寫作期間，除筆者自己對於 (希伯來文) 經文本身的思考之外，亦參考大量猶太-希伯來解經的註經書籍，撰寫過程中的許多想法和寫作方向，很多都是「直接得益於」這些註經書籍，底下列出幾本權威性的著作：

Adin Even-Israel Steinsaltz. *The Steinsaltz Humash-Humash Translation and Commentary.*(**חומש שטיינזלץ עם ביאורו של הרב עדין אבן-ישראל שטיינזלץ**)，Koren Publishers Jerusalem. 2018.

Nosson Scherman. *The Humash-The Torah, Haftaros and five Megillos with a commentary anthologized from the rabbinic writings.* (**חמשה חומשי תורה עם תרגום אונקלוס פרש״י הפטרות וחמש מגילות**), Artscoll Mesorah Publications.2016.

Jonathan Sacks. *Covenant & Conversation Genesis：The Book of Beginnings.* Koren Publishers Jerusalem; First Edition, 2009.

Jonathan Sacks. *Covenant & Conversation Exodus：The Book of Redemption.* Koren Publishers Jerusalem; First Edition, 2010.

Jonathan Sacks. *Covenant & Conversation Leviticus：The Book of Holiness.* Koren Publishers Jerusalem; First Edition, 2015.

Jonathan Sacks. *Covenant & Conversation Numbers：The Wilderness Years.* Koren Publishers Jerusalem; First Edition, 2017.

Jonathan Sacks. *Covenant & Conversation Deuteronomy：Renewal of The Sinai Covenant.* Koren Publishers Jerusalem; First Edition, 2019.

Jonathan Sacks. *Ceremony & Celebration：Introductios to the Holidays.* Koren Publishers Jerusalem; First Edition, 2017.

Jonathan Sacks. *Lessons In Leadership.* Koren Publishers Jerusalem; First Edition, 2015.

Jonathan Sacks.*Essays on Ethics.* Koren Publishers Jerusalem; First Edition, 2016.

Nehama Leibowitz .*New Studies in Bereshit Genesis*.(עיונים חדשים בספר בראשית). The
World Zionist Organization. 2010

Nehama Leibowitz .*New Studies in Shemot Exodus*.(עיונים חדשים בספר שמות). The
World Zionist Organization. 2010

Nehama Leibowitz .*New Studies in Vayikra Leviticus.* (עיונים חדשים בספר ויקרא). The
World Zionist Organization. 2010

Nehama Leibowitz .*New Studies in Bamidbar Numbers.* (עיונים חדשים בספר במדבר).
The World Zionist Organization. 2010

Nehama Leibowitz .*New Studies in Devarim Deuteronomy.* (עיונים חדשים בספר דברים).
The World Zionist Organization. 2010

Avigdor Bonchek，林梓鳳譯，《研讀妥拉:深度釋經指南》(*Studying the Torah: a Guide
to In-Depth Interpretation*)，夏達華研道中心出版，2013 年 11 月。

什麼是「妥拉」？

摩西五經，又稱「妥拉」，希伯來文 (**תּוֹרָה**) 讀音 **Torah**，這個字的意思為「指引、引導」，英文為 instruction. (**תּוֹרָה**) 這個字究其「字根(**ירה**)」意義為「射擊」shoot. 或更進一步說，就是『射中靶心，射中目標』。[1]

顧名思義，妥拉就是耶和華神給以色列百姓的一套成聖「生活指南」，在這部生活寶典當中，耶和華神告訴祂的子民，**應該「如何」生活、「怎麼」生活。**因此，耶和華神乃是透過妥拉，向世人表明 **祂對「人」受造的心意: 是要人「活出」神「尊貴、榮美、聖潔」的形象和樣式** 。

此外，妥拉也是整本聖經的第一部分，**是神話語的「全部根基」**，妥拉是耶和華神 向世人「自我啟示」的「第一手文獻」，是以「第一人稱」「親口吩咐」一切的 聖法-典章-律例，也是耶和華神與以色列百姓所訂的永恆「約書(**סֵפֶר הַבְּרִית**)」[2]。事實上整本聖經詳述耶和華神「**直接說話**」紀錄「頻率-密度最高」的正是在妥拉/摩西五經當中。

在妥拉這部文獻中，可以清楚了解「**神的心意**」、祂「**做事的法則**」、以及 神在人類歷史中「**運作的軌跡**」，藉此顯明 耶和華神是「**主導歷史**」的主，祂給「救贖歷史」的發展主軸作了一個「定調」，就是耶和華神確立以色列作為「長子」的名分，以色列要在萬民中做屬神的子民，成為『祭司的國度、聖潔的國民』，為列國的光。耶和華神立他「聖名的居所」[3] 在以色列當中。而那將來要做以色列的王、彌賽亞耶穌，祂會從「以色列家-猶大支派-大衛」的後裔而出。耶和華神將迦南地賜給以色列百姓為「永久的產業」。**在末後的日子，耶和華神要在以色列身上「顯出」祂大能的權柄和榮耀。**[4] 以上，就是耶和華神，在妥拉裡，所架構出的一個救贖歷史的「格局和框架」，好讓世人有一個清楚、可依循的「引導、指南」。

所以，妥拉就「不只是」耶和華神對一個民族所說的話，**還更是耶和華神對於全人類的心意**，包含祂所定下的 **各個節期**，和人類「救贖」大歷史的計畫。

---

[1] 關於「妥拉(**תּוֹרָה**)」一詞的詳細釋義，另見《奧秘之鑰-解鎖妥拉:利未記》No.10 妥拉<在我的律例>篇之第二段「律法與妥拉」。

[2] 出埃及記 24:7。

[3] 申命記 12:5,11,14,26, 16:2,6,7,11,15,16.。同參《奧秘之鑰-解鎖妥拉:申命記》No.4 妥拉<看哪>篇之第二段「立為祂名的居所」。

[4] 以西結書 36:23, 38:16,23。

同時，妥拉也不是一套墨守成規的律法、教條，就像文士、法利賽人所守的、所理解的那種方式，因為這正是耶穌所反對「面對妥拉的僵硬方式」。**妥拉乃是神的話語，是要『帶來生命和醫治』。**

正如約書亞記 1:8 所說：

> 『這**律法書** (原文是**妥拉**) [5]，不可離開你的口，總要晝夜思想，
> 好使你謹守遵行這書上所寫的一切話。
> 如此，**你的道路就可以亨通，凡事順利。**』

又如詩篇 1:2-3 所記載：

> 『惟喜愛耶和華的 **律法** (原文是**妥拉**)， 晝夜思想， 這人便為有福！
> 他要像一棵樹栽在溪水旁，**按時候結果子，葉子也不枯乾。**
> **凡他所做的 盡都順利。**』

及至到了被擄歸回時期，尼西米、文士以斯拉回到耶路撒冷後，他們所做的第一件事仍是『**恢復神的律:妥拉**』。

尼西米記 8 章，描述了這一感人肺腑的重大時刻：

> 『到了七月，以色列人住在自己的城裏。
> 那時，他們如同一人聚集在水門前的寬闊處，
> 請文士以斯拉，將耶和華藉摩西傳給以色列人的 **律法書(妥拉)** 帶來。…
> 以斯拉站在眾民以上，在眾民眼前展開 **這書(妥拉)**。
> 他一展開，眾民就都站起來。…眾民聽見 **律法書(妥拉)** 上的話都哭了。』

整本聖經，對妥拉是充滿「**積極正面**」的教導，這是當然的，因為那是『**耶和華神的話**』。

又如詩篇 19:7 說：

> 『耶和華的 **律法(妥拉)** 全備，能甦醒人心。』

來到新約，耶穌與妥拉 [6] (當然) 也是息息相關。

---

[5] **妥拉(תּוֹרָה)** 這個希伯來字在中文聖經多半被翻譯成「律法」，這其實並不是很好的翻譯。
[6] 同參《奧秘之鑰-解鎖妥拉:利未記》No.10 妥拉<在我的律例>篇之第三段「耶穌與律法」。

耶穌曾在約翰福音 4:22 親自提到 救恩的猶太-根基，耶穌說：『你們所拜的你們不知道，我們所拜的我們知道，因為 救恩是從猶太人出來的。』

耶穌從『亞伯拉罕-以色列家-猶大支派-大衛的後裔』而出，耶穌「在世肉身」的身分，是個不折不扣的猶太人，正如保羅所說『列祖就是他們的祖宗；按肉體說，基督(彌賽亞) 也是從他們 (以色列) 出來的』羅馬書 9:5

耶穌在世，守安息日、上會堂，讀 (父神耶和華的) 妥拉、過父神耶和華的節期：逾越節、五旬節、住棚節……等等。在新約裡面，有許多地方記載耶穌「遵守妥拉」的典範 ，以及對妥拉「賦予新意」的教導。

首先、耶穌按照妥拉「受割禮」[7]，在聖殿中獻給父神。在路加福音 2:21-23 中寫道：『滿了 八天，就給孩子 行割禮，與他起名叫耶穌；這就是沒有成胎以前，天使所起的名。按摩西律法 (妥拉) 滿了潔淨的日子，他們帶著孩子上耶路撒冷去，要把他獻與主(父神耶和華)。正如主 (父神耶和華) 的律法 (妥拉) 上所記：凡頭生的男子必稱聖歸主。』

第二、耶穌運用妥拉中的教導，例如在路加福音 5:12-14 經文提到，當耶穌醫治完大痲瘋的病人後就對他說： 『只要去給祭司查看，照摩西 (妥拉) 所規定的，獻上潔淨禮的祭物，好向他們作見證。』[8]

第三、在新約中，隨處可見耶穌遵守妥拉中「耶和華神所定下的節期」，譬如在馬太福音 26:17 中寫到耶穌守逾越節：「除酵節的第一天，門徒來問耶穌說：你吃「逾越節」的筵席，要我們在哪裡給你預備？」

事實上，耶穌來到世上的「道成肉身」的救贖工作，完全就是以「耶和華的節期」為中心展開。[9] 馬太福音 26:2 ，耶穌說『你們知道，過兩天是 逾越節，人子將要被交給人，釘在十字架上。』所以耶穌是「逾越節」被殺的羔羊，因為按照 父神耶和華的時間計畫表，耶穌在「逾越節」受難。耶穌在「初熟節」復活，所以耶穌成為『睡了之人初熟的果子』林前 15:20。最後，耶穌升天前囑咐門徒，要在耶路撒冷等候父神在「五旬節」的時候，將聖靈澆灌下來。使徒行傳 1:4

最後、耶穌在世 並沒有廢掉妥拉，乃是要成全妥拉。在馬太福音 5:17-18，耶穌說：

---

[7] 同參《奧秘之鑰-解鎖妥拉:利未記》No.4 妥拉<懷孕>篇之第五段「割禮的盟約」。
[8] 同參《奧秘之鑰-解鎖妥拉:利未記》No.5 妥拉<大痲瘋>篇之第五段「耶穌與大痲瘋」。
[9] 同參《奧秘之鑰-解鎖妥拉:利未記》No.8 妥拉<訴說>篇之第二段「節期的功能」。

『莫想我來要廢掉 律法/妥拉(תּוֹרָה) 和先知，
我來不是要廢掉，乃是要成全。
我實在告訴你們：就是到天地都廢去了，
律法/妥拉(תּוֹרָה) 的一點一畫 也不能廢去，都要成全。』

耶穌沒有廢掉妥拉，**耶穌要廢掉的 乃是: 文士和法利賽人所奉行的僵化的、人為的「律法主義」**。因為耶穌其實把律法/妥拉的標準「**提的更高**」，直搗妥拉的核心，也就是人的心思意念。『凡看見婦女就動淫念的，這人「**心裡**」已經與她「**犯姦淫**」了。』馬太福音 5:28

事實上，在耶穌、門徒和初代彌賽亞會堂[10] 的時期，他們所讀的是「希伯來聖經」，至少摩西五經(**妥拉**)和先知書的部分都已成冊。所以提摩太後書 3:16 說的『**聖經** 都是神所默示的，於教訓、督責、使人歸正、教導人學義都是有益的，叫屬神的人得以完全，預備行各樣的善事。』這裡的「**聖經**」，自然指的是: **妥拉、先知書**。

再來，在耶穌那個時候，也尚未有『受難日、復活節、聖靈降臨節...』這些後來人所制訂出來的節期；**耶穌和門徒們過的是妥拉中『耶和華的節期』**。

客觀忠實地回到聖經的文本和歷史脈絡中，**其實「耶穌自己」並沒有要自立於以色列先祖的「希伯來信仰的傳統」之外，另立「一個新的宗教」，並且自稱為這個「新宗教的教主」**，耶穌沒有這樣做。充其量我們最多只能說 耶穌是希伯來信仰中，一個最具革命性、帶來最深遠效應的一位 (在希伯來信仰體系中的) 宗教改革者，只是這位改革者的身分極其特殊，因為他乃是父神耶和華所差來的：[11]

『我與「父神耶和華」**原為一**。』約翰福音 10:30

我們說，基督徒信耶穌，是耶穌的跟隨者，那耶穌自己有沒有信仰？

答案是肯定的，耶穌相信父神 (耶和華)，耶穌說：

---

[10] 相信耶穌是猶太人的彌賽亞的門徒們，及其所成立的會堂，稱之為「彌賽亞信徒和會堂」。

[11] 當耶穌談論上帝時，總會勾起人對 (以色列的) 上帝的回憶，記起 (這位)上帝所做的一切。這位上帝從地上萬族揀選亞伯拉罕，拯救以色列免受埃及奴役，上帝賜他們妥拉，讓他們成為祂的子民。這位上帝又藉眾先知，告訴他們救贖將要臨到。耶穌談論「上帝」，談論的是跟「以色列」有深厚淵源的上帝，不是討論哲學家想像的那個「抽象的」上帝。所以耶穌在猶太會堂、在耶路撒冷聖殿宣講信息，完全是理所當然，因為這裡就是以色列的上帝受人敬愛和崇拜地方。正因為如此，當眾人回應耶穌的信息時，『他們就歸榮耀給「以色列的上帝 (אֱלֹהֵי יִשְׂרָאֵל)」。』(馬太福音 15:31)。見《耶穌的福音-探索耶穌信息的核心》，Joshua N. Tilton，呂少香譯，夏達華研道中心出版，2015 年九月，頁 13. 第三章 <耶穌宣告「誰的」王國?>

『我以「父神耶和華」的事 為念。』路加福音 2:49

又說：

『子憑著自己什麼也不能做，
只有看見「父神耶和華」所做的，子才能做，
因為「父神耶和華」所做的事，子也同樣地做。』約翰福音 5:19

再來看耶穌的<主禱文>就非常清楚，前三句話都是「指向」天父(耶和華神):

『我們在「天上的父神耶和華」，
願人都尊「祢耶和華神的名」為聖，
願「祢耶和華神的國」降臨，
願「祢耶和華神的旨意」行在地上如同行在天上。』馬太福音 6:9-10

如果耶穌在地上，凡事都按照「父神耶和華的旨意」在行事，那我們應該就有必要去認真探詢和了解「父神 (耶和華) 的心意」為何？ 「父神耶和華做事的法則」是什麼？ 而這些，其實都已詳細地啟示-陳明在妥拉 (摩西五經) 當中。

因為，耶穌道成肉身，來到人世間的最終目的，是要把人「引向」父神耶和華那裏去，正如耶穌自己說的：

『我就是道路、真理、生命。
若不是藉著我，沒有人能到「父神耶和華」那裡去。』約翰福音 14:6

『因為我從天上降下來，不是要按自己的意思行，
乃是要按「那差我來者的」意思行。』約翰福音 6:38

『我的教訓，不是我自己的，
乃是「那差我來者」的。』約翰福音 7:16

這樣看來，作為聖子的耶穌，自然也就不可能會說出和父神耶和華「互相矛盾」的話語和教導出來，因為如詩人所言：

『耶和華啊，祢的話(妥拉) 安定在天，直到永遠。』詩篇 119:89

最後，用詩篇 119:1 這節經文來做一個小結：

『行為完全、**遵行耶和華律法 (妥拉)** 的，這人便為有福。』[12]

---

[12] 詩篇 119 篇除了是「篇幅最長」的一首詩篇，也是出現「妥拉(**תוֹרָה**)」這個字密度最高，最頻繁的一首詩篇，一共出現 25 次之多，高居整本聖經之冠，原因無他，因為詩篇 119 正是在歌頌-讚美耶和華神「妥拉」的智慧奧妙，並教導人要愛「妥拉」、遵守「妥拉」。

目錄

民數記
「文本信息」綜論

民數記，希伯來文書卷名為 **(בְּמִדְבַּר)**，意思為「**在曠野**」，而民數記的內容講述的正好是以色列百姓「在曠野」歷時 38 年漂流遷徙、「信心拉扯」的經歷。

從先前在出埃及記所記述的十災、分開紅海、雲柱-火柱、天降嗎哪……等等的神蹟奇事，以至於西奈山的頒布十誡，以色列百姓都「親眼見證」了耶和華神的信實、慈愛和看顧、保護。來到利未記，以色列百姓也因著「會幕」的豎立及運作，除了學習「成聖」，也讓他們「確實知道」神榮耀的「臨在和同住」，時刻經歷耶和華神的「堅強護衛」。

因此，進入民數記開篇就提到「在曠野」做人口普查、「徵兵和營隊布署」的事宜，好為將來「得地為業」的戰鬥做準備。似乎看似一切準備就緒、朝著目標:迦南地前進，但中間卻發生探子事件、可拉叛亂、火蛇災難、什亭淫亂事件……等等，當然還有以色百姓無數次的「**抱怨、悖逆 和 不信**」。

這些事件在在表明了以色列百姓，對耶和華神的應許和計畫「**缺乏信心**」，導致他們一直想用「人意」的方式「走自己的路」甚至「走回頭路」:回到埃及。正因如此，才「延遲」了向迦南地「上行」的進度，讓以色列百姓停滯不前的「屬靈景況」有 38 年的時間就如同「**在曠野**」一般。

民數記 **No.1** 妥拉

<在曠野>篇（פרשת במדבר）

本段妥拉摘要:

民數記第一段妥拉標題<在曠野>，希伯來文(בְּמִדְבַּר)。這段妥拉講述耶和華神給以色列百姓做了「全營」的人口普查、數點、徵兵，以及營地布署等相關的重要工作，這些工作乃是為了將來以色列要「拔營-起行」而做的整備工作。

如這段妥拉的標題<在曠野>所揭示，耶和華神並不是在一個舒適、安逸、豐饒、富庶的環境之下來預備、訓練以色列百姓，正好相反，耶和華神是<在曠野>這樣一個艱難的環境中來「預備、磨練」以色列百姓，為的就是要讓他們靈裡剛強、身體健壯，使他們能過約旦河，進入應許之地，得地為業。

<在曠野>這個沒水、沒食物，甚至是沒有生命的天然環境中，人看到了 曠野 的廣闊無垠，人意識到了自己的「有限」和「澈底無能」，所以人必須「完全倚靠」神。

<在曠野>之前「人人平等」，<在曠野>中沒有人會擁有自己的房子、田地、和牧場，沒有人比較有錢，或比較貧窮，<在曠野>大家為了生存下去，必須要互相幫忙、互助合作。

最後，<在曠野>這個「寂寞靜謐-一無所有」的環境中，人們才有可能「完全地」轉向神，人們也才有辦法「專注地」面對神。

這就是為什麼耶和華神，要在以色列百姓出埃及後，領他們去到<曠野>的原因，因為<在曠野>能更清楚地聆聽到「神的話」，<在曠野>中，百姓可以經歷到「更深刻的事物」。

因為以色列百姓正是<在曠野>，在西奈山聽到「神說話」的聲音，並且領受十誡和一切聖法，以色列百姓也正是<在曠野>，把神的居所，也就是會幕給豎立起來，<在曠野>以色列百姓才可以專心地學習耶和華神所頒佈一切律例、典章、法度。

民數記 No.1 妥拉 <在曠野> 篇（פרשת במדבר）

經文段落:《民數記》1:1 - 4:20
先知書伴讀:《何西阿書》1:10 - 2:20
詩篇伴讀: 122 篇
新約伴讀:《馬太福音》4:1-17、《羅馬書》9:22-33、《哥林多前書》12:12-31

一、 <在曠野>

民數記第一段妥拉標題<在曠野>。經文段落從民數記 1 章 1 節到 4 章 20 節。
<在曠野>這個標題，在民 1:1：

> 『以色列人出埃及地後，第二年二月初一日，
> 耶和華 在 (西奈的) 曠野 會幕中曉諭摩西說：』

> וַיְדַבֵּר יְהוָה אֶל-מֹשֶׁה **בְּמִדְבַּר** סִינַי בְּאֹהֶל מוֹעֵד
> בְּאֶחָד לַחֹדֶשׁ הַשֵּׁנִי בַּשָּׁנָה הַשֵּׁנִית לְצֵאתָם מֵאֶרֶץ מִצְרַיִם לֵאמֹר

這段妥拉的標題: <在曠野>(**בְּמִדְבַּר**) 就是希伯來經文原文民 1:1 的第五個字，這
個字(**בְּמִדְבַּר**) 就是民數記第一段妥拉的標題。

在進入這段妥拉的主題之前，先來讀一段經文，耶利米書 2:2：

> 『你去向耶路撒冷人的耳中喊叫說，耶和華如此說：
> 我記得 妳年少時的恩愛，新婚時的愛情，
> 妳怎樣<在曠野>-在未開墾之地跟隨我，』

> הָלֹךְ וְקָרָאתָ בְאָזְנֵי יְרוּשָׁלַ͏ִם לֵאמֹר כֹּה אָמַר יְהוָה
> זָכַרְתִּי לָךְ חֶסֶד נְעוּרַיִךְ אַהֲבַת כְּלוּלֹתָיִךְ
> לֶכְתֵּךְ אַחֲרַי **בַּמִּדְבָּר** בְּאֶרֶץ לֹא זְרוּעָה

回到民數記，民數記這卷書的希伯來文標題正好就是<在曠野>(**בְּמִדְבַּר**)，因為這
卷書記錄了以色列百姓<在曠野>行走-漂流三十九年的時間，其中所經歷的一切

種種，從出埃及後的第二年，耶和華神吩咐摩西要數點百姓，做徵兵，和營地布署的準備工作開始，一直到最後，以色列百姓來到摩押平原，正對耶利哥城，準備要過約旦河。

<在曠野>的這三十九年的歲月中，從民數記 11 章開始，以色列百姓開始無故地抱怨，然後接連又發生了「探子事件、可拉叛黨、銅蛇事件」，以及「先知巴蘭的詭計」，誘使以色列百姓和摩押及米甸女子犯姦淫，甚至還拜偶像，來到民數記 25 章這裡，可以說是以色列百姓<在曠野>的靈性最低點，但是進入 26 章之後，又開始止跌回升。

再回到民數記第一段妥拉<在曠野>，民數記第一章和第二章所描繪出來的景象其實是氣勢磅礴的，這就像是一幅耶和華神<在曠野>「建軍、閱兵」的壯大陣容的圖像，來看民 1:2-3 經文所說的：

『你要按 以色列全會眾 的家室、宗族、人名的數目計算 所有的男丁。凡以色列中，從二十歲以外，能出去打仗的，你和亞倫要 照他們的軍隊 數點。』

שְׂאוּ אֶת-**רֹאשׁ כָּל-עֲדַת בְּנֵי-יִשְׂרָאֵל** לְמִשְׁפְּחֹתָם לְבֵית אֲבֹתָם בְּמִסְפַּר שֵׁמוֹת **כָּל-זָכָר לְגֻלְגְּלֹתָם**. מִבֶּן עֶשְׂרִים שָׁנָה וָמַעְלָה **כָּל-יֹצֵא צָבָא** בְּיִשְׂרָאֵל תִּפְקְדוּ אֹתָם **לְצִבְאֹתָם** אַתָּה וְאַהֲרֹן

『以色列人要各歸自己的纛下，在本族的旗號那裏，對著會幕的四圍安營。 34 以色列人就照耶和華所吩咐摩西的去做，他們就這樣 依自己的旗號安營，就這樣各照自己的宗族、家族起行。』民 2:2, 34

אִישׁ עַל-דִּגְלוֹ בְאֹתֹת לְבֵית אֲבֹתָם יַחֲנוּ בְּנֵי יִשְׂרָאֵל **מִנֶּגֶד סָבִיב לְאֹהֶל-מוֹעֵד יַחֲנוּ**. וַיַּעֲשׂוּ בְּנֵי יִשְׂרָאֵל כְּכֹל אֲשֶׁר-צִוָּה יְהֹוָה אֶת-מֹשֶׁה **כֵּן-חָנוּ לְדִגְלֵיהֶם** וְכֵן נָסָעוּ אִישׁ לְמִשְׁפְּחֹתָיו עַל-בֵּית אֲבֹתָיו

耶和華神不是在肥沃的平原上、或是豐沛的水源地、有河流滋潤的土地上，或物產豐饒的環境中來預備、訓練以色列百姓，正好相反，耶和華神是<在曠野>這樣一個艱難的環境中來「預備、磨練」以色列百姓，為的就是要讓他們靈裡剛強、身體健壯，使他們能過約旦河，進入應許之地，得地為業。

<在曠野> 這樣沒水、沒食物，甚至沒有生命的天然環境中，人看到曠野的廣闊無垠，人意識到自己的有限和澈底無能，所以人必須「完全倚靠」神。

<在曠野>之前「人人平等」，<在曠野>沒有人會擁有自己的房子、田地、和牧場，

沒有人是比較有錢，或是比較貧窮，<在曠野>當中，大家為了生存下去，必須要互相幫忙、互助合作。

最後，<在曠野>這個「寂寞靜謐－一無所有」的環境中，人們才有可能「完全地」轉向神，人們也才有辦法「專注地」面對神。

這就是為什麼耶和華神，要在以色列百姓出埃及後，領他們去到<曠野>的原因，因為<在曠野>能更清楚專注、心無旁騖地聆聽到「神的話」，<在曠野>中，百姓可以經歷到內心深處「更深刻的事物」。

這確實如此，因為以色列百姓就是<在曠野>，在西奈山聽到「神說話」的聲音，並且領受十誡和一切聖法，以色列百姓也正是<在曠野>中，把神的居所，也就是會幕給豎立起來，<在曠野>以色列百姓學習耶和華神所頒佈一切律例、典章、法度。

如果從希伯來文來看「曠野」和「話語」、「說話」這幾個字的關聯就更清楚了：

曠野 (מִדְבָּר)
話語 (דָּבָר)
說話 (מְדַבֵּר)

上面這三個字裡面都有一個共同的字根 (דבר)，這個字根本身也是一個單字，意思就是「話語、事物」。

是的，耶和華神<在曠野>中向以色列百姓「說話」，神<在曠野>中「啟示、顯明」祂自己，神也讓以色列百姓<在曠野>當中經歷了許多「重要的事物」，百姓<在曠野>操練信仰的功課和信心的磨練。可以這麼說，以色列百姓<在曠野>中累積很多、很重要的寶貴經驗和生存智慧。

在我們進入到生命中的應許地「之前」，神往往會帶我們走一條 <在曠野> 的道路，目的不是要我們受苦－挫敗，正好相反，<在曠野>是要讓我們的生命 被神「雕塑－磨練」，靈命變的「更強壯」，走一條<在曠野>的道路，是要使我們更多的仰望神、依靠神、經歷神，生命被神來「修整－建造」。

最後，用以賽亞書 43:19 這節經文，來作一個小結：

『看哪，我要做一件新事；如今要發現，你們豈不知道嗎？
我必 <在曠野> 開道路，在沙漠開江河。』

הִנְנִי עֹשֶׂה חֲדָשָׁה עַתָּה תִצְמָח הֲלוֹא תֵדָעוּהָ
אַף אָשִׂים **בַּמִּדְבָּר** דֶּרֶךְ בִּישִׁמוֹן נְהָרוֹת

二、 停滯不前

在民數記的開頭，我們看到的是一番新氣象，耶和華神<在曠野>要對以色列全營
作一個「**數點、徵兵、整備、建軍**」的動作，神也給以色列百姓做了營地和部隊
的「**布署**」，不論是紮營或起行，全體百姓都是按照神所規定的「**次序**」在前進。

這就是民 2:2, 34 所說的：『以色列人要各歸自己的纛下，在本族的旗號那裏，**對
著會幕的四圍安營。** 34 以色列人就照雅威所吩咐摩西的去做，他們就這樣 **依
自己的旗號安營**，就這樣各照自己的宗族、家族起行。』

或許耶和華神原來的計畫，是要以色列百姓<在曠野>的第三年，或第四年，就能
成功地過約旦河、進入迦南地，因為民數記開篇，頭幾章所講述的數點百姓、徵
兵、12 支派部隊編制的種種事情，正就是在為著「進入迦南地」在做積極準備。

待這些預備動作都做好以後，以色列全營就「**拔營-起行**」，離開西奈山。民
10:11-13：
　　　　『第二年二月二十日，雲彩從法 櫃的帳幕收上去。
　　以色列人就按站往前行，**離開西奈的曠野**，雲彩停住在巴蘭的曠野。
　　　　這是他們照耶和華藉摩西所吩咐的，**初次往前行**。』

以色列全營，現在正式成為「**耶和華的軍隊**」，第一次拔營起行，要往目的地:
迦南地前進。

但是在離開西奈曠野沒多久，以色列百姓又開始「騷亂、抱怨」，民數記 11 章提
到的「他備拉」發怨言、「基博羅‧哈他瓦」事件，然後來到民數記 12 章，我們
看到就連摩西的姐姐和哥哥:米利暗和亞倫也對摩西說毀謗的話，結果米利暗長
大痲瘋，使得「起行」的路程被「中斷-耽擱」下來。

這就是民 12:15 所說：

> 『於是米利暗關鎖在營外七天。
> **百姓沒有行路**，直等到把米利暗領進來。』

> וַתִּסָּגֵר מִרְיָם מִחוּץ לַמַּחֲנֶה שִׁבְעַת יָמִים
> **וְהָעָם לֹא נָסַע** עַד-הֵאָסֵף מִרְיָם

再來到民數記 13 章就是「打發探子」，14 章十個探子回來報「惡信」以後，造成全營恐慌，結果，民數記的故事發展從此急轉直下，以色列的「上行-前進」迦南之路，變成「**下跌-倒退**」之途，這使得以色列百姓<在曠野>漂流了 38 年。

說到這裡，稍微回顧一下 **出埃及記** 裡的摩西和以色列百姓。

在出埃及記當中，我們看到，當以色列百姓抱怨沒有肉吃，沒有水喝的時候，耶和華神「沒有懲罰」百姓，但是來到民數記，當百姓抱怨的時候，耶和華神就會施行管教，會懲罰以色列百姓。

譬如，在出埃及記 16:3 那裏記載，百姓想吃肉，於是向摩西抱怨說：

> 『巴不得我們早死在埃及地、耶和華的手下；
> 那時我們坐 **在肉鍋旁邊，吃食得飽足**。
> 你們將我們領出來，到這曠野，
> **是要叫這全會眾都餓死啊！**』

然後耶和華神就對摩西說，出埃及記 16:12：

> 『我已經聽見以色列人的怨言。你告訴他們說：
> 到黃昏的時候，**你們要吃肉**，早晨 **必有食物得飽**，
> 你們就知道我是耶和華－你們的上帝。』

這裡我們看到，在出埃及記中，百姓的抱怨，耶和華神「沒有」懲罰，但是來到民數記，神的管教卻「來到」了，民 11:4-6：

『他們中間的閒雜人大起貪慾的心；以色列人又哭號說：「**誰 給我們肉吃呢？**我們記得，在埃及的時候不花錢就吃魚，也記得有黃瓜、西瓜、韭菜、蔥、蒜。現在我們的心血枯竭了，**除這嗎哪以外，在我們眼前並沒有別的東西。**』

然後就是耶和華神的懲罰，民 11:33-34：

『肉在他們牙齒之間尚未嚼爛，**耶和華的怒氣就向他們發作，
用最重的災殃擊殺了他們。**
那地方便叫做 **基博羅‧哈他瓦** (意思就是:**貪慾之人的墳墓**)，
因為他們在那裏 **葬埋 那起貪慾之心** 的人。』

הַבָּשָׂר עוֹדֶנּוּ בֵּין שִׁנֵּיהֶם טֶרֶם יִכָּרֵת **וְאַף יְהוָה חָרָה בָעָם**
וַיַּךְ יְהוָה בָּעָם מַכָּה רַבָּה מְאֹד.
וַיִּקְרָא אֶת-שֵׁם-הַמָּקוֹם הַהוּא **קִבְרוֹת הַתַּאֲוָה**
כִּי-שָׁם **קָבְרוּ** אֶת-הָעָם **הַמִּתְאַוִּים**

為什麼來到民數記，耶和華神好像變嚴厲了，神變的會「**懲罰-管教**」以色列百姓。神為何如此呢？

不要忘記，在出埃及記，以色列百姓已經經歷西奈山的「天啟」事件，百姓在那裡直接與耶和華神「相遇」，並領受十誡、和一切的聖法，在出埃及記的結尾，以色列百姓甚至還把「神的居所」:會幕給蓋出來，以致於百姓可以「隨時看見」神「榮耀的雲彩」在會幕的上方，「帶領」著百姓前面的道路。

因此，到了民數記，以色列百姓已經有了一套聖法，並且知道:神的律例、法度、典章，還有一個代表「神同在」的居所:會幕，所以，**百姓們應該是可以信心滿滿，無所畏懼地，繼續前面「上行-前進」的進攻迦南之路**，但是，正如我們在民數記整卷書裡面所看到的，以色列的生命和靈性並「沒有長進」，還沒有長大成熟，即便他們有了神的律例、神的同在(會幕)，他們仍然繼續在抱怨、他們依舊信心短缺、他們仍然還在想著要「回埃及」去。

所以，**來到民數記，當百姓抱怨的時候，耶和華就「懲罰-管教」他們了。**

是的，我們的生命是不是有些時候也像以色列百姓一樣，儘管已經「領受」神許多豐盛的「恩典和真理」，但靈裡卻仍然繼續在埋怨、苦毒？

是不是在我們的信仰經歷中，也像以色列百姓一樣，雖然我們肉體看似是「出埃及」，但實際上我們的靈裡還「沒有」出埃及，一碰到困難、挑戰，就向神抱怨、爭鬧著想「回埃及」去呢？

三、 「有計畫」的神

從出埃及記，一直到民數記，我們看到，耶和華神帶領以色列百姓出埃及，來到西奈山，再到準備要離開西奈山繼續「前進迦南」，中間的這一整個過程，其實都是有「神自己完善的計畫」和萬全的預備。

可以這樣說，耶和華神是一位做事「未雨綢繆」，甚至還是「步調緊湊」的上帝。下面，就來看幾處的經文：

首先在出埃及記 19 章這裡，以色列百姓在出埃及的第三個月，就來到西奈山，和耶和華神相會面，在那裏和神「立約」，要成為『祭司的國度、聖潔的子民』，並且領受十誡、妥拉。

『以色列人出埃及地以後，**在第三個月 (初一)，就在那一天**，他們來**到西奈的曠野**。他們離了利非訂，來到西奈的曠野，就在那裏的山下安營。』出埃及記 19:1-2

『(出埃及地後的) **第二年，正月初一日，帳幕 就立起來**。』出埃及記 40:17

會幕立起來以後，耶和華神接下來，很快地又做了下一個「預備」工作，就是吩咐摩西要「數點百姓、徵兵、和營地布署」的動作，這個就是民數記第一章和第二章所描述的事情。

『以色列人出埃及地後，**第二年 二月初一日**，耶和華在西奈的曠野、會幕中曉諭摩西說：你要按以色列全會眾的家室、宗族、人名的數目 **計算** 所有的男丁。凡以色列中，**從二十歲以外，能出去打仗的**，你和亞倫要 **照他們的軍隊 數點**。』民數記 1:1-3

等到，數點百姓、徵兵、營地布署的工作完成以後，耶和華神就帶領以色列百姓，離開西奈山，要拔營啟行，展開「前進迦南」的「上行」之途。民 10:11-13：

『(以色列人出埃及地後的) **第二年，二月二十日**，雲彩從法 櫃的帳幕收上去。以色列人就按站往前行，**離開西奈的曠野**，雲彩停住在巴蘭的曠野。這是他們照耶和華藉摩西所吩咐的，**初次往前行**。』

再把剛剛前面讀的這幾處經文，做一個整理，看看神是在多少的時間之內，就把

以色列百姓給「裝備-建造」起來，讓他們成為一支「耶和華神的軍隊」：

1. 出埃及 **第一年** 的三月，以色列百姓來到西奈山，領受十誡、妥拉，耶和華神先用神的「話語-真理」來「造就-建造」百姓。接下來，耶和華神就吩咐摩西要以色列百姓建造神的居所;也就是會幕，所以，出埃及記從 25 章開始一直到 40 章結束，經文很大的篇幅和內容都是在講述會幕的建造，所以從西奈山的領受十誡之後，過了九個月的時間。

2. 出埃及 **第二年** 正月初一日，以色列百姓就把會幕豎立起來。

3. 出埃及 **第二年** 二月初一日，耶和華神展開人口普查、全民徵兵、和營地布署的「大規模」的整備動作。這個以色列全營的「建軍」和整備工作完畢以後，然後，不到三個禮拜的時間內，耶和華神就要以色列百姓「拔營-起行」，正式離開他們「長期駐紮」的營地:西奈曠野，要離開這塊已經熟悉的地方，繼續向著前面的目標:迦南地挺進。

4. 出埃及 **第二年** 二月二十日，雲彩從法櫃的帳幕收上去。以色列百姓離開西奈的曠野，初次往前行。

從以上的「時間表」來看，我們發現，耶和華神帶領以色列百姓出埃及，**其實只利用一年的時間，就把他們「裝備-建造」起來**，到出埃及後的第二年，二月二十日，就要他們「拔營-起行」，離開西奈曠野，準備前進迦南，得地為業。

若是按著耶和華神這樣「步調緊湊、迅速有效」的計畫來看，或許以色列百姓很快就可以過約旦河，進迦南地，也許到了出埃及的第三年或第四年，百姓很可能就進去應許之地了，但是，事與願違，正如我們在民數記所看到的:

以色列百姓仍然常常小信，仍然抱怨，仍然按著「老我」，照著「自己的意思」在行路，他們雖然有了神的律法，有神隨時的同在:會幕在營地當中，可是他們對神沒有信心，他們不照神的意思，乃是照著肉體的意思，結果是什麼？

結果就是「**延宕**」神的計畫，「**延遲**」進迦南地的時間進程，使得以色列百姓 <**在曠野**> 多漂流了 38 年的時間，甚至還要等到「出埃及那一代」的以色列人都過世以後，新一輩的以色列人才能進迦南。

是的，神的意念高過人的意念，神的道路高過人的道路，但是當神的計畫和我們的計畫不一樣，或互相矛盾的時候，我們願不願意「放下」自己的意思，單單相信「神的計畫」？

我相信，**神的計畫一定是最完善、最有效率，也是最好的**，因為我們的神，祂是創造宇宙-自然-全地的主，一切的時間-空間都掌握在這位「超越的主」的手中。

四、 以神為中心

在民數記開篇的頭幾章當中，耶和華神給以色列百姓的全營做了「數點、徵兵、和營地佈署」的動作，這是為了要使以色列百姓能夠繼續前進迦南地之前，所需要做的「預備」工作，在這些預備工作當中，我們看到，有一項很重要的屬靈真理，是神國的第一定律，就是「**次序**」，一個「**以神為中心**」，「**對齊神**」的次序。

> 『以色列人要按自己家族的旗號，各在自己的旗幟下安營，
> 他們要 對著 會幕的四圍 安營。』民 2:2

民數記 2 章接下來的經文，依序提到了 在會幕四圍安營 的次序，首先 (字卡/圖片) [1] 是在會幕東邊的 **猶大營**，再來是會幕以南的 **呂便營**，再來，會幕西邊的以 **法蓮營**，最後是會幕以北的 **但營**。

12 個支派，分成四個營，安營的座標，都是「**以神為中心**」的，或者說，是以神的居所:會幕為中心的。

另外在「內層」的安營，則是「利未家族」的營地布署，有會幕東邊的 **摩西和祭司家族的成員**:包括亞倫和他的兒子，會幕以南的 **哥轄族**、會幕西邊的 **革順族**，以及會幕以北的 **米拉利族**。

以上，剛剛我們講的是營地的部署和配置，接下來要說的是，如果當以色列全營要「拔營-起行」的時候，那麼，根據民數記第二章的記載，四個營「前進的順序」依序是，猶大營、呂便營、以法蓮營，和押在大部隊尾巴的但營，最後還有一隊還沒提到的，就是那些保護和照管會幕及一切聖物器具的利未各族呢？

> 『隨後，**會幕** 要往前行，有 **利未營** 在 諸營中間。』民 2:17

---

[1] 見本段文本信息的 youtube 影片。

當以色列大部隊在「移動」的時候，這些照管會幕、約櫃的利未人和利未營，他們是被安排在 四個營的「中間」，也就是介於第二營:呂便營和第三營:以法蓮營的中間。

這就表示說，即便是以色列營地在起營、遷徙、行進間的時候，**神的會幕和一切聖物也要被「放在中間」，被特別地「保護和守衛」**。

如果再從四個營的「戰鬥人數」來說，在民數記第二章裡面，我們依序看到:

『凡屬 猶大營 按著軍隊被數的，共有 十八萬六千四百 名，要作 第一隊 往前行。』民 2:9

『凡屬 呂便營 按著軍隊被數的，共有 十五萬一千四百五十 名，要作 第二隊 往前行。』民 2:16

『凡屬以 法蓮營 按著軍隊被數的，共有 十萬零八千一百 名，要作 第三隊 往前行。』民 2:24

『凡 但營 被數的，共有 十五萬七千六百 名，要歸本纛作 末隊 往前行。』民 2:31

我們再來重新整理一下: (圖表) [2]

第一隊的 猶大營，全營戰鬥人數是「**最多的**」，共有十八萬六千四百名，猶大營之所以被安置在拔營起行的「**第一隊**」，作為「**打頭陣**」的先鋒部隊，其中一個主要原因就是它是人數最多的一個營。

再來，一個部隊的壓軸隊伍，也是很重要的，這就是所謂的「瞻前顧後」，不能隊伍的前面在攻擊，但是「背後-尾巴」被敵人「偷襲」，所以，耶和華神就把人數「**第二多**」的營: **但營**，編在「**最後一隊**」，但營共有十五萬七千六百名，再來就是緊跟在利未營前面的呂便營，共有十五萬一千四百五十名戰鬥人員，是第三多，最後則是第三隊的以法蓮營，共有十萬零八千一百名戰鬥人員。

上面，講了這麼多關於以色列營地的部屬和人數，其實不外乎就是在強調一個真理，那就是 **耶和華神，祂是如何地有「次序」、有效率在「裝備-建造」以色列百姓**。

---

[2] 見本段文本信息的 youtube 影片。

因為，只有當一個信仰群體的內部「井然有序」了，它的外部運作才會「順暢」。只有當以色列百姓按著耶和華神所制定的營地「布署和次序」來「紮營、生活和起行」的時候，他們才有辦法「繼續前進」上行迦南地的應許之路。

這就是民 2:34 說的：

『以色列人就這樣行，

各人照他們的家室、宗族歸於本纛，安營-起行，

都是 照耶和華所吩咐摩西 的。』

『正如我們一個身子上有好些肢體，肢體也不都是一樣的用處；我們這許多人在基督裡成為一身，互相聯絡做肢體，也是如此。』羅馬書 12:4-5

對齊神，以神為中心，按著神的「法則和次序」來行，我們的生活和事工就會「事半功倍」；反之，如果是照著自己的意思，以我為中心的話，那很多時候，我們常會感到「事倍功半」。

想要讓你的生命變得更輕省，更有效率嗎？ 那就「與神對齊」吧！

五、 四營與「四活物 」

『以色列人要各歸自己的 **纛** (營旗)下，在本族的 (支派)**旗** 那裏安營；

他們要對著 會幕的四圍 安營。』民 2:2

אִישׁ עַל-**דִּגְלוֹ** בְאֹ**תֹת** לְבֵית אֲבֹתָם יַחֲנוּ בְּנֵי יִשְׂרָאֵל

מִנֶּגֶד סָבִיב לְאֹהֶל-מוֹעֵד יַחֲנוּ

在上面民 2:2 經文中，一開始出現的「**纛**」 也就是「**營旗**」(**דֶּגֶל**) 這個字，後面的「**旗號**」(**אֹתֹת**) 這個字指的是「**支派旗**」，也就是 12 支派各自所有的「支派旗」。

所以說，整個以色列營地，(圖卡) [3] 如果四個營各有一個「**纛: 營旗**」，再加上 12 個支派的「**支派旗**」，最後再加上祭司-利未家族的旗幟，那總共會有 **17 面** 的

---

[3] 見本段文本信息的 youtube 影片。

旗幟。

試著想像一下，當以色列全營不管是「紮營」，或是部隊「起行-移動」的時候，那個「旗海飄揚」的盛大軍容，和雄壯的氣勢及場面，這確實是會讓敵人感到畏懼，因為這是「**耶和華神的軍隊**」，這是神的會幕在人間，在「以色列營地」當中的一個榮耀圖像。這也就是為什麼當摩押王巴勒，看到以色列人準備過境時，會感到害怕和畏懼的原因，甚至還要找來當時中東最厲害的術士:巴蘭來做法「咒詛」以色列。

『那時西撥的兒子巴勒作摩押王。他差遣使者往大河邊的毗奪去，到比珥的兒子巴蘭本鄉那裏，召巴蘭來，說:「有一宗民 **從埃及出來，遮滿地面**，與我對居。這民比我強盛，現在求你來為我咒詛他們，或者我能得勝，攻打他們，趕出此地。因為我知道，你為誰祝福，誰就得福;你咒詛誰，誰就受咒詛。」民 22:4-6

再回到這個「纛: 營旗」，也就是圍繞著會幕，在「會幕四圍」安營的(圖卡) [4] 四個營:猶大營、呂便營、以法蓮營，和但營，他們各自所擁有的「**營旗**」。

根據猶太的釋經書米大示，**Midrash (מדרש)**，裡面清楚記載到，四個營旗的圖案，
會幕東邊的 猶大營，營旗圖案為 獅子、
會幕南邊的 呂便營，營旗圖案是 人、
會幕西邊的 以法蓮營，營旗圖案 公牛、
會幕北邊的 但營，營旗的圖案是 老鷹。

獅子、人、公牛，老鷹，這四個圖案，或者我們，**這四活物**，在先知 以西結 的異象當中也曾經出現過，以西結書 1:10 講到四活物的面貌:

『至於臉的形像:
前面各有 人 的臉，右面各有 獅子 的臉，
左面各有 牛 的臉，後面各有 鷹 的臉』

另外一位也在異象中見過 四活物 的約翰，祂在啟示錄 4 章當中，也清楚地描繪到這四活物的樣貌，像 獅子、人、公牛，和 老鷹。啟示錄 4:6-8:

『寶座前好像一個玻璃海，如同水晶。寶座中和寶座周圍有四個活物，前後遍體都滿了眼睛。第一個活物像 獅子，第二個像 牛犢，第三個臉面像 人，第四個像 飛鷹。四活物各有六個翅膀，遍體內外都滿了眼睛。他們晝夜不住的說:聖哉!聖哉!聖哉!主神是昔在、今在、以後永在的全能者。』

---

[4] 見本段文本信息的 youtube 影片。

14

如果說，以色列 四個「營旗上」的圖案，正如猶太釋經書「米大示」所言，是：
獅子、人、公牛，和 老鷹，那麼這四圖騰，正好就是以西結和約翰在異象中所
看到的，在「**天上寶座的四活物**」。

這就表示說，其實， 耶和華神設立祂的會幕在以色列營地的正中央，就好像是
耶和華神把祂的寶座，按照「天上的樣式」透過有形的物質，把它「**複刻**」在地
上，「**豎立**」在以色列全營的中間，並且在會幕的四圍，正如同天上的四活物，
有四個營在「護衛-保護」著神的居所，也就是神的寶座。

這也就是我們剛剛一開始所讀的民 2:2 的經文：

> 『以色列人要各歸自己的 **纛 (營旗)**下，在本族的 (支派)旗號 那裏安營；
> 他們要 對著 會幕的四圍 安營。』

所以說，地上的會幕，這個<在曠野>由以色列百姓，按照耶和華神所指示建造
出來的 神的居所:「會幕」，以及「在會幕四圍安營」的樣式，很大程度上反映
出了「天上寶座」以及「寶座四圍的四活物」的型態。

是的，以色列作為耶和華神在人類「救贖歷史」當中的一個運作軟體，讓我們清
楚看到，耶和華神曾經與以色列先祖亞伯拉罕-以撒-雅各所「應許」的土地和後
裔，以及與以色列百姓在西奈山所立下的「永約」，這些至今都還是有效的，並
沒有被廢除。

因為，以色列乃是「**耶和華神的軍隊**」，在末後的日子，他們會再次被恢復，會
再次全數「回歸」，就像民數記這裡，<在曠野>的這一群以色列百姓，全營都被
耶和華神「**整備-建軍**」，最終的目的地，就是「回歸」，進入，或者說「回到」
耶和華神向列祖所應許的寬闊美好之地: 迦南地。

何西阿書 1:10-11 (希伯來原文 2:1-2)：

> 『然而，以色列的人數必如海沙，不可量，不可數。
> 從前在甚麼地方對他們說「你們不是我的子民」，
> 將來在那裏必對他們說「 你們是 永生上帝的兒子」。
> 猶大人和以色列人必一同聚集，為自己立一個首領，從被擄之地上來，
> 因為 耶斯列的日子必為大日。』

15

問題與討論：

1. 民數記第一段妥拉標題<**在曠野**>。以色列百姓<**在曠野**>經歷了哪些「重要事件」？　為什麼耶和華神領以色列人出埃及後，沒有直接帶他們進迦南地，而是先讓他們<**在曠野**>生活？

2. 民數記的開頭，耶和華神<在曠野>對以色列全營做「數點、徵兵、整備、建軍」的布署動作，是在為「進入迦南地」做萬全整備。可以猜想，或許耶和華神原來的計畫，是要以色列百姓<在曠野>的第三年，或第四年，就能成功地過約旦河，得地為業。但，為何後來卻「**停滯不前**」，以色列百姓<在曠野>竟漂流 40 年之久？

3. 在以色列人出埃及到曠野的這一過程中，從哪些事情上你可以看出耶和華神是一位「**有計畫的神**」？　你是否相信神的計畫一定是最完善、最有效率，也是最好的？　特別是當神的計畫和你自己的計畫不一樣，或互相矛盾時，你願不願意「放下」自己，單單相信「**神的計畫**」？

4. 民數記 2:2：『以色列人要按自己家族的旗號，各在自己的旗幟下安營，他們要「**對著會幕的四圍**」安營。』　12 支派，分成四個營，安營的座標，都是「**以神為中心**」，或說，**以神的居所:會幕為中心**。在這個安營的邏輯和原則中，我們看到，有一項很重要的屬靈真理，這也可說是神國的第一定律，請問這項屬靈真理和定律是什麼？

5. 以色列四個「營旗上的圖騰」各是什麼？　這「**四活物**」還有出現在整本聖經的哪些書卷和段落中？　在這些段落的內容裡，和四活物一起一併被提到的是什麼？

民數記 No.2 妥拉
<數點/提升>篇 （פרשת נשא）

本段妥拉摘要:

民數記第二段妥拉，標題<**數點/提升**>，希伯來文(**נָשֹׂא**)。本段妥拉接續上段妥拉<在曠野>，把剩下利未的兩個家族:革順、米拉利這兩族的人也<**數點**>出來，並完成分派他們在會幕裡所分配的工作。如此，以色列全營的人口<**數點**>、徵兵、營地布署，還有利未三族的會幕工作分配都完成，以色列 12 支派，全體百姓都按著耶和華神的「次序和法則」，各自地被放在不同的角色和位置上。現在的以色列，達到空前的「團結合一」，變成一支「耶和華神的軍隊」，是沙漠雄軍。

因著 12 支派的「齊心團結」，要知道要讓 12 支派達成「合一」其實不是件容易的事，因為以色列的這 12 個族長，畢竟是由雅各的四個妻妾，四個不同的女人所生的，但是約瑟和哥哥們的恩怨，他們彼此的後代子孫，都願意「放下過去」，盡釋前嫌，為著神給以色列的「使命和呼召」來委身，來奉獻，所以才能成就這個<**數點**>、徵兵、營地布署、整備建軍的最終成果。

因著色列全營 12 支派這樣的「合一」和甘願被耶和華神<**數點**>出來的結果，所以這就讓耶和華神非常的喜悅，因此，著名的大祭司禱告就在本段妥拉出現，這乃是因著以色列各支派的「合一」所帶來的「祝福」，民數記 6:24-26：

『願耶和華賜福給你，保護 你。願耶和華使他的臉光照你，賜恩 你。願耶和華向你仰臉，賜你 平安。』

最後，<**數點**>篇這段妥拉以 12 支派給會幕一車又一車奉獻的大量供物作為高潮結束，這不僅象徵了以色列全營的「合一」，也具體的表達出，以色列各支派全體都『尊耶和華神為聖』，都順服在神的權柄之下，成為一支「整齊劃一」的耶和華神的軍隊。

民數記 No.2 妥拉 <數點/提升> 篇 (פרשת נשא)

經文段落:《民數記》4:21 - 7:89
先知書伴讀:《士師記》13:2 -25
詩篇伴讀: 67 篇
新約伴讀:《路加福音》1:5-25、《使徒行傳》21:17-26

一、 <數點 與 提升>

民數記第二段妥拉標題<數點>。經文段落從民數記 4 章 21 節到 7 章 89 節。
<數點>這個標題，在民 4:21-22：

> 『耶和華曉諭摩西說：
> 你要 連同他們，照他們的家室、照他們的宗族，來 數點 革順子孫的人頭。』

וַיְדַבֵּר יְהוָה אֶל-מֹשֶׁה לֵּאמֹר
נָשֹׂא אֶת-רֹאשׁ בְּנֵי גֵרְשׁוֹן גַּם-הֵם לְבֵית אֲבֹתָם לְמִשְׁפְּחֹתָם

這段妥拉的標題: <數點>(נָשֹׂא) 就是希伯來經文 4:22 的第一個字，這個字(נָשֹׂא)
就是民數記第二段妥拉的標題。

在上面 4:22 這節經文當中，有一個詞組叫 (גַּם-הֵם)，中文翻譯就是「**他們也**」，
或「**連同他們一起**」的意思。

這個詞組的出現是在表明，雖然前面在民數記第四章開頭一開始提到的是「**哥轄**」
子孫，他們所負責、經管的東西，是會幕裡面至聖所和聖所的「至聖之物」，因
此，哥轄族的人先是被<數點>出來。

但，利未支派的另外兩族，並沒有被忽略掉，他們也被<數點>出來，因此經文
才特別表明，「**革順**」家族，以及經文稍後所提及的「**米拉利**」家族，「**連同他們
一起**」也要被<數點>進來，因為他們也「一同肩負-承擔」了照護、守衛會幕的
「榮耀職分」，儘管所管理-經手的物件不同，但是這個職分沒有高低之別，每一
個人的工作都是「同等重要」的。

『革順人各族 所辦的事、所抬的物乃是這樣：他們要抬 帳幕的幔子 和 會幕，並 會幕的蓋 與 其上的海狗皮，和 會幕的門簾，院子的 帷子 和 門簾（院子是圍帳幕和壇的）、繩子，並所用的器具，不論是做甚麼用的，他們都要經理。』民 4:24-26

「米拉利」家族所負責的項目，在民 4:31-32：『他們辦理會幕的事，就是抬帳幕的 板、閂、柱子，和 帶卯的座，院子四圍的柱子 和其上 帶卯的座、橛子、繩子，並一切使用的器具。』

所以，簡單整理一下，利未支派三個家族，在會幕所負責的各自業務：

1. 革順 家族，負責會幕裡一切關於「布料」的物件:包括頂蓋、罩棚、帳幕等等。
2. 哥轄 家族，監管會幕「至聖所和聖所」裡面的一切器具，像是約櫃、金登台、陳設餅桌、金香壇等。
3. 米拉利 家族，管理所有「會幕外部」的木製物件、及繩索類的東西。

回到這一段妥拉的標題:<數點>(נְשֹׂא)，這個希伯來字本身的含意為<提升-拉高>。所以，如果按著<提升-拉高> 的這個涵義，來理解民數記開篇頭幾章，耶和華神對以色列百姓做的大規模、全面性的<數點>工作所具有的深刻意涵，那就會更清楚了。

因為，
第一、 耶和華神<數點>以色列百姓的最終目的，其實就是要裝備他們，<提升>他們，<拉高>他們，是為了要讓他們每一位都可以前進<上行>，是有能力可以過約旦河，最後「進入」應許之地的，只要他們都信靠耶和華神的話。

第二、神之所以要以色列全會眾、全體百姓，當中的每一個成員，都要被<數點>出來，用意是要使他們都被放在「對的位置」上、都是被安置在「正確的軌道」上、每一個人都是按著「神的法則-次序」行走在神的真理和法度上。

第三、因為唯有如此，以色列全營才能在一個「整齊劃一」，或者說「合一」的狀態下，繼續「前進-上行」，才能為著過約旦河，進入迦南地的征戰做好萬全的準備。

這也就是為什麼民數記開篇，經文花這麼大的篇幅來講述「數點、徵兵和營地布署」的事宜，因為來到民數記，以色列的行程要進入到下個階段，準備要「拔營-起行」，離開西奈山，「整裝待發」往應許之地「前進」，只是「前進-上行」之前須要做好萬全的準備。

是的，我們也可以這樣來問自己，在我們人生的道路中，是不是已經清楚知道，自己被神<數點>出來了，已經進入到神所給我們各人的「**命定-計畫**」當中，是按著「**神的法則-次序**」，行走在「**正確的道路**」上，還是，我們還在過著虛無、沒有定向、無意義的人生，浪費時間？

二、 與「五旬節」的對應

在民數記第一段妥拉<在曠野>，以及第二段妥拉 <數點>，這兩段妥拉，經文都花了很大的篇幅在<**數點-計算**>。

<在曠野>篇當中，摩西和亞倫<**數點-計算**>十二支派 20 歲以上能受「新兵訓練-出去打仗」的男丁，以及利未支派三個族:革順、哥轄、米拉利。到第二段妥拉<**數點**>篇仍繼續<**數點-計算**>的工作，接續利未支派剩下的兩族，也就是革順子孫、和米拉利子孫 30-50 歲能辦理會幕搬運事宜的人。

<**數點-計算**>全營的人口，目的是為了「預備上行」(**Aliya,** עֲלִיָה)，預備進入迦南地，得地為業所做的「行前 (軍事) 整備」。

以色列營隊「整齊劃一、秩序嚴謹」的布署這絕對是必要的，不管是在「紮營」，或「起行-大部隊的行進」間，都需要嚴防外部的敵人來犯，因為慘痛的教訓仍記憶猶新: 以色列百姓出埃及沒多久，就受到亞瑪力人的「突擊-偷襲」。

因此，翻開民數記前面兩段的妥拉，我們會看到經文花了許多的篇幅，鉅細靡遺地在講述人口數點、徵兵、營地布署等等的事宜，等到「上行-前進」迦南地的「營隊布署」相關事宜都預備好以後，直到民數記第三段妥拉，正如標題本身所標示的 <**燃起-上行**>，經文才說:

『第二年二月二十日，雲彩從法櫃的帳幕收上去。以色列人就按站往前行，**離開**西奈的曠野，…這是他們照耶和華藉摩西所吩咐的，**初次往前行**。』民 10:11-13

另外要說的是，昔日猶太的聖哲們注意到，「**妥拉分段**」的讀經循環，常常會有與「**節期**」彼此呼應的對照關係。

以<數點-計算>為主要內容的民數記前兩段妥拉，在妥拉讀經循環的時間上，總是會遇上「五旬節」。一般來說，民數記第一段妥拉<在曠野>常常是在「五旬節」前閱讀，<數點>篇的讀經有時候會和五旬節重疊或之後。

而有意思的是，五旬節也是一個以<數點-計算>著稱的節期，它是耶和華的節期中，唯一一個明訂需要去<數點-計算>的節期，也就是數俄梅爾，

但是，五旬節的這個<數點-計算> 有什麼重要性？ <數點>的含意-寓意是什麼？這恰好就可以從五旬節所對應的 民數記 前兩段妥拉 的內容找到亮光。

回到民數記，我們說，如果 以色列全體百姓沒有「完全順服」神的主權，那麼「大規模」的全營人口普查、男丁徵召，以及營地(軍事)布署些事情是不可能成就的。

但是，當一個人，被這位「萬軍之耶和華」神 (יְהוָה צְבָאוֹת) <數點-呼召> 出來的時候，他應該是會感到榮耀的，因為我被上帝「看重-揀選出來」被賦予使命，所以我會「完全順服」按照神所指示-吩咐的一切來實踐-執行、來過「聖潔-征戰得勝」的生活。

這也正是耶和華神在民數記前三段妥拉中所顯明的心意，神要我們「征戰得勝」，但前提是: 我們必須要將「主權歸給」祂，按照「祂的次序」而行。

所以，再回到 五旬節，猶太人又稱為「妥拉降示節」(מַתַּן תּוֹרָה)。因為當以色列百姓出埃及，來到曠野生活的 49 天後，來到西奈山下，在第 50 天看到耶和華神權能-威嚴的彰顯時，他們每個人都心甘情願地，願意『將自己生命的所有主權交給耶和華神』，並且說:

『凡耶和華所說的，我們都要遵行。』出埃及記 19:8

來到新約，在耶穌復活後，和門徒們相處的最後 40 天，耶穌也正和門徒們一起<數算>俄梅爾，他們天天<數點-計算>著日子，期待著「五旬節」的來到，因為那是一個紀念耶和華神在西奈山，首度向一個特定的信仰社群「威嚴的顯現」，以及以色列百姓也願意「完全獻上」的節期，是一個『充滿大能、得著神的能力』的節期。

很有可能，在耶穌升天前，祂也正和門徒們讀著民數記第一段妥拉<在曠野>篇，然後耶穌升天後，門徒們留在耶路撒冷聚集，繼續讀著第二段<數點-提升>的妥拉，接著五旬節來到，也就在同時間，門徒經歷神聖靈的澆灌，「得著裝備的能

力」，就再一次將自己生命主權「**完全歸給**」父神耶和華，然後就帶著福音的大能，「拔營-起行」，離開耶路撒冷，出去征戰，展開救贖歷史，「得人-得靈魂為業」的「上行」之路。

所以把民數記第三段妥拉<燃起-上行>篇，當中的民 10:12-13 這兩節具有代表性的經文改一下，就變成：

『門徒們就按站往前行，離開耶路撒冷的錫安山，……這是他們照父神耶和華藉愛子耶穌所吩咐的，初次往前行。』

<數點-計算>自己的日子是很重要的，因為我們常常會很容易地浪費時間、虛度光陰，那是因為我們沒有認真<數算>自己的日子。然而當我們知道自己的壽命和時間「所剩無幾」時，我們反而會開始「珍惜」每一天過的時間和日子，分秒必爭，詩篇 90:12：

『求你指教我們怎樣<數算>自己的日子，
好叫我們得著智慧的心。』

願我們每一個人都是被神<數點>出來的神國精兵，並且都著按照「神的次序」而行，為主打那美好的仗。

三、 全營「成為聖潔」

民數記前面四章的經文花了很多的篇幅和內容，記載耶和華神來給以色列百姓做「全面整備」的工作，這些工作包括:數點百姓、徵兵、營地佈署、以及利未支派三個家族的會幕分工等等。

這些「預備」工作是很重要的，因為耶和華神正在把以色列百姓「訓練-建造-裝備」成一支有次序、有紀律、而且是「整齊合一、神聖榮耀」的耶和華軍隊，這支軍隊，正準備要「前進-上行」，為著過約旦河，進入應許之地而征戰-奮鬥。

一到四章的經文講完數點、徵兵、營地布署的內容之後，接下來，第五章開頭，一開始的前三節經文，我們看以看做是對前面四章經文的內容所做的一個，**最重要的總結**，民 **5:1-3**：

『耶和華曉諭摩西說:「你吩咐以色列人,使一切長大痲瘋的,患漏症的,並因死屍不潔淨的,都出營外去。無論男女都要使他們出到營外,免得污穢他們的營;**這營是我所住的 (אֶת-מַחֲנֵיהֶם אֲשֶׁר אֲנִי שֹׁכֵן בְּתוֹכָם)**。」』

民 5:3 的經文最後一句話,中文和合本聖經翻譯為『這營是我所住的』,如果直接按原文直譯就是:

『這營就是 我所住在「他們」當中 的。』
אֶת-מַחֲנֵיהֶם אֲשֶׁר אֲנִי שֹׁכֵן בְּתוֹכָם

(אֲנִי שֹׁכֵן בְּתוֹכָם) 這個句子令我們想起出埃及記 25:8 的經文:

『又當為我造聖所,**使我可以住在「他們」當中**。』
וְעָשׂוּ לִי מִקְדָּשׁ וְשָׁכַנְתִּי בְּתוֹכָם

這裡,民 5:3 和出埃及記 25:8,這兩節的經文都清楚地表明: 耶和華神「不是只有」把會幕-聖所看成是聖的,神對「聖潔-神聖」的「領域和範圍」乃是擴及以色列「全營」,也就是以色列百姓「所居住的環境」,就如同前文在民數記 5:3 讀的經文:『這營就是我耶和華神所住的』,或者,再更進一步講,耶和華神不只住在營中,**神其實是要「住在」以色列百姓『他們每個人的身心靈』之中。**

但是,要讓聖潔的神可以「**住在**」百姓當中,百姓就必須要「**自潔**」,或者說,就必須要維持以色列「全營」的聖潔。

維持「營地的聖潔」其實就是維持以色列全營運作的「系統和次序」正常,因為這個營地的「**運轉核心**」就是位在營地正中央的「**會幕**」,也就是神的居所和同在的神聖場域和空間。

也就是說,**當以色列百姓「自潔」的時候,神就會「住在」以色列「全營」當中,當有神在營地中間「坐鎮-指揮」的時候,以色列四個營各支派的活動和運作就能彼此協調,全營是處在一個「整齊劃一」的狀態,可以很順利地繼續前面,前進迦南地的征戰之路。**

但是如果當百姓們「不相信」耶和華神,或者說小信,營中有爭鬧、抱怨、分裂,或是有犯罪、淫亂、拜偶像的事情發生,那這個時候,以色列全營就會「自亂陣腳」,陷入「混亂失控」的局面,譬如像是:探子事件、可拉叛黨、銅蛇事件等等。

當污穢、不潔淨、爭鬧、抱怨等「罪惡」的事情發生在「以色列全營」當中時,

不僅會失去耶和華神的「同在-保守-護衛」，還會引來耶和華神的降災-懲罰，使得以色列大部隊上行，前進迦南的「進度」會受到嚴重的「拖延和延遲」，這就是為什麼後來以色列百姓會在曠野漂流 40 年這麼長的時間的主要原因。

> 『豈不知你們是 神的殿，神的靈 住在你們裡頭 嗎？
> 若有人毀壞神的殿，神必要毀壞那人；
> 因為神的殿是聖的，**這殿 就是你們**。』哥林多前書 3:16-17

是的，願我們每一位都是被神<**數點**>出來，願意被神來<**提升**>的人，並且按著神的真理、法則、心意、次序去行，這樣，「聖潔」的主才會「住在」我們當中，使祂在我們每一位身上、生命中所命定的計畫和旨意都「能夠被成就」。

四、 大祭司的禱告

「**大祭司的禱告 (בִּרְכַּת כֹּהֲנִים)**」是大家耳熟能詳的禱告文，有些教會在禮拜要結束，最後都會由牧師上來，為大家祝禱，這個祝禱的內容，就是民 6:24-26 的經文：

> 『願耶和華賜福給你，保護你。
> 願耶和華使他的臉光照你，賜恩給你。
> 願耶和華向你仰臉，賜你平安。』

上面這三節經文，就是大祭司亞倫的禱告，回到經文的脈絡來看，大祭司的禱告出現的地方，是順著前面民數記第一到第四章，耶和華神為以色列全營做完「整備-建軍」的預備工作之後才出現的。

這就表示說，在以色列全營做好所有百姓數點、徵兵和營地布署的工作之後，準備要「拔營-起行」，離開西奈山之前，最後，耶和華神透過大祭司亞倫來做一個「**行前**」的祝福和禱告，因為在邁向前方，挺進迦南地的曠野之路，或許將會『有挑戰、有困難、甚至有征戰』，這趟「上行」的旅途充滿許多的「未知」。可是，不用害怕，因為現在，在你們以色列百姓要出發之前，耶和華神要為你們以色列祝福，這個祝福，正好就是「大祭司的禱告」。

這個，就是大祭司的禱告在民數記經文「發展脈絡」裡面出現的地方，它就像是

一個「**行前**」的祝福，或是在人生中，準備要進入到下一個重大「**轉換**」時刻的祝福，譬如說，現在的以色列，猶太人在「棚子(**חופה**)」舉行結婚儀式的時候，會有人或是拉比，用大祭司的禱告，為這對新人祝福禱告。

回到大祭司禱告的經文本身，來看希伯來文會比較清楚，民 6:24-26：

יְבָרֶכְךָ **יְהוָה** וְיִשְׁמְרֶךָ

יָאֵר **יְהוָה** פָּנָיו אֵלֶיךָ וִיחֻנֶּךָּ.

יִשָּׂא **יְהוָה** פָּנָיו אֵלֶיךָ וְיָשֵׂם לְךָ שָׁלוֹם

這三節經文，從希伯來文的「**字數**」來看，堆疊的很工整，是以 3-5-7 的方式「**逐漸累計**」上去的，

24 節的 (יְבָרֶכְךָ יְהוָה וְיִשְׁמְרֶךָ) 是 **三** 個字，
25 節的 (יָאֵר יְהוָה פָּנָיו אֵלֶיךָ וִיחֻנֶּךָּ) 是 **五** 個字，
26 節的 (יִשָּׂא יְהוָה פָּנָיו אֵלֶיךָ וְיָשֵׂם לְךָ שָׁלוֹם) 有 **七** 個字。

大祭司禱告的希伯來經文，「字數」分別是以「**三、五、七**」的方式所疊加上去。禱詞的最後一句，也就是 26 節的字數是「**七**」，這絕非偶然，因為「**七**」這個數字，正好是代表耶和華神的『**神聖、完全、創造、主權、誓約、盟約**』。

24、25、26 這三節經文，每一節都一定會出現的一個非常重要的字，清楚地到告訴我們，那位能夠「**保護**」我們、「**賜恩**」給我們、讓我們保有「**平安**」的那一位「**是誰**」，是耶和華神，是這一位和亞伯拉罕-以撒-雅各立約的上帝，祂就是「**亞伯拉罕-以撒-雅各**」的神: **耶和華** (**יְהוָה**)。

另外，在大祭司的禱告中，每一節的經文，都很清楚地告訴我們，耶和華神所保護的對象，是「**你**」，在希伯來經文中，這個「**你**」的受詞，都是以一個「**陽性單數**」的型態，被直接放在動詞、和介係詞的後面，24、25、26 這三節的經文中，這個「**你**」都各出現了兩次。

這似乎在強調，耶和華神所要保護的對象，是以色列全營當中的「**每一個人**」，或者說的更清楚一點，就是那些被<**數點**>出來，20 歲以上，要出去「**征戰-打仗**」，保護以色列的這些男丁，他們當中的每一個人，都是耶和華神所要「**保護-守衛**」的對象。

最後，我們來看大祭司的禱告，在這個祝福禱告中的「**功效**」有哪些？ 也就是在這個祝禱當中，耶和華神會為我們「**做**」什麼，給我們帶來什麼？

再來讀一次大祭司的禱告，民 6:24-26：

> 『願 耶和華 賜福給你，保護 你。
> 願 耶和華 使他的臉光照你，賜恩 你。
> 願 耶和華 向你仰臉，賜你 平安。』

在禱詞中，提到願耶和華神，第一個要來「保護」你、第二個要賜「恩典」給你，第三個要賜你「平安」。所以在大祭司禱告中，三個來自耶和華神「最重要的祝福」項目就是: 保護 (protection)、 恩典 (Grace)、和平安 (Peace)。

最後，大祭司的祝禱結束後，民 6:27 的經文接著說：

> 『他們(摩西-亞倫) 要如此奉 我的名 為以色列人祝福
> 直譯: (要把 我的名 安置在以色列人身上)；
> 我也要賜福給他們。』

וְשָׂמוּ אֶת-שְׁמִי עַל-בְּנֵי יִשְׂרָאֵל
וַאֲנִי אֲבָרֲכֵם

從希伯來經文直接翻譯前半句話是說，他們『要把<我的名>安置在以色列人身上』，英文是 Let them place "My Name" upon the Children of Israel.

把耶和華神的「聖名」安置在、鑲嵌在百姓的身上，在你我的身上，這是何等大的榮耀和恩寵。

把神的名「放在」我們的生命中，同時也是讓我們清楚知道，我們生命的「主權歸屬」，我們各人的生命乃是「屬於神」的，所以我們理應是要按著「神的心意」、按著「神的計畫」，來「奔走-前行」我們人生前方的道路，雖然前方道路是「未知」，但是有神的應許和同在，就不會害怕和膽怯。

就像此時的以色列百姓一樣，他們準備要「離開」這個駐紮好幾個月，是「已經熟悉」的西奈曠野，但是他們「不能停滯」在這裡，正好相反，他們要繼續前面「征戰-上行」的「進入應許地」的道路。

在以色列要「拔營-起行」之前，耶和華神透過「大祭司的禱告」來祝福他們，祝福他們「每一個人」，都能一同享有神的護衛、恩典，和平安。

五、 全營的「合一」

『當天，以色列的眾首領，就是各族的族長，**都來奉獻。**
他們是 各支派的首領，管理那些被數的人。
他們把自己的供物 送到耶和華面前，就是六輛篷子車和十二隻公牛。
每兩個首領奉獻一輛車，每首領奉獻一隻牛。
他們把這些 都奉到帳幕前。 』民 7:2-3

回到這一段妥拉的標題<數點>，正如本段妥拉內容所講述的，來到民數記第七章，以色列全體百姓又進入一個新的里程碑，以色列全營的<數點>和徵兵，以及營地布署完成了、以色列的部隊得到「**全面升級**」、十二支派，再加上利未三族 (哥轄、革順、米拉利) 也達成了空前的「**團結合一**」與「**全面對齊**」。

要知道，能夠讓以色列 12 支派「統一」，這其實不是件容易的事，雅各的 12 個兒子畢竟是由四個不同的女人所生的，我們也沒忘記約瑟和哥哥們的恩恩怨怨的故事。但如今，他們後代子孫都放下過往「盡釋前嫌」，為著以色列「全體」的呼召和使命，彼此「合一」。

因著 12 支派「全營合一」、每個支派滿 20 歲以上的男丁都願意被<數點>出來，貢獻各支派自己的人力，來「**共同保護**」以色列全營，也「一起護衛」營地中間的會幕和利未人，12 支派願意共同齊心<向上>、「完全順服」耶和華神的主權，並且達到全面<提升>的狀態，這段妥拉的標題<數點>(נשא) 這個希伯來字本身也是<提升-拉高>的意思。

所以，因著以色列「全體的合一」，「大祭司的祝福」禱告(民 6:24-26) 就出現在民數記第二段妥拉的<數點>篇，因為以色列全體百姓為了「成聖-上行」前進應許地而願意「完全順服」神的權柄，使得「各支派的合一」能被成就，這件事讓耶和華神非常喜悅，所以耶和華神，要亞倫這樣來為以色列祝福：

『願 **耶和華** 賜福給你，**保護** 你。
願 **耶和華** 使他的臉光照你，**賜恩** 你。
願 **耶和華** 向你仰臉，賜你 平安。』

同樣也因著 **12** 支派「**全營的合一**」、願意共同齊心<向上>，達成前所未有的團結與榮耀，所以這一段妥拉的最後一章，民數記的第七章，經文花了「如此宏大」、長篇鉅作的篇幅，來鉅細靡遺地，一一地細數每個支派，每一天，所帶到會幕前

獻上的供物，也就是 **12** 支派，共十二天，所**獻**上的一切所的供物。

如果我們從民數記的開頭，第一章一直到第七章講到各支派的「齊心奉獻」的經文發展脈絡看下來，那麼我們可以發現到一個很重要的真理，那就是：

當我們都按著 神的「次序-法則」 而行，按部就班、各就各位，**對齊神** 的時候，那麼神的 祝福、應許，祂所賞賜的 平安 以及 護衛 就會臨到，然後，全體百姓也就會甘心樂意，願意奉獻，「同心合一」的為著神國效力，**使神的工作得以成就和實現**。

這就是民數記第二段妥拉<**數點-提升**>篇最後一個段落，民數記第七章所描繪出來的這個「團結合一」的「榮耀盛大」的景象。

是的，一個信仰社群，也就是教會，所有的弟兄姊妹若要達到彼此「真正的合一」，教會若要能夠讓神的工作得以實現，被成就出來，那麼，有一個很重要的、而且是一個必要的前提，就是：

每一個人都要願意被神<**數點**>出來，成為神國的營隊、精兵，而且要 **完全按照「神的心意、法則和次序」來行**，這個，就是民數記開篇所描述的事情，所要教導給我們的 一個很重要的信仰的功課和真理。

問題與討論：

1. 這一段妥拉的標題<數點> (נָשֹׂא) 這個希伯來字的「原來的含意」為何？ 如果按著這個標題原始的含意來理解民數記開篇頭幾章: 耶和華神對以色列百姓做的大規模、全面性的<數點>工作，可以帶出什麼樣讀經的亮光？

2. 以<數點-計算>為主要內容的民數記前兩段妥拉<在曠野>篇、<數點>篇，在妥拉讀經循環的時間上，總是會遇上「**五旬節**」。而五旬節也是一個以<**數點-計算**>著稱的節期，它是耶和華的節期中，唯一一個明訂需要去<**數點-計算**>的節期，也就是數俄梅爾。要問的是: 民數記前兩段妥拉<在曠野>、<數點>篇的經文內容和五旬節這個節期的主題有著什麼樣的「對應」關係？

3. 「**全營成為聖潔**」是什麼意思？ 耶和華神為什麼要以色列百姓「**全營成為聖潔**」？ 「**全營成為聖潔**」可以帶來什麼樣的助益和功效？

4. 從經文脈絡發展來看，「**大祭司的禱告**」出現的地方，是順著前面民數記第一到第四章，耶和華神為以色列全營做完「整備-建軍」的預備工作之後才出現的，所以這個禱告，主要是「為著什麼」來禱告的？ 另外「**大祭司的禱告**」從希伯來原文來看，來分析它的結構，有何特別之處？

5. 本段妥拉的最後，描繪出一幅以色列各支派「團結合一」的「榮耀盛大」的景象。民數記第七章的經文為什麼要花費宏大、長篇鉅作的篇幅，來鉅細靡遺，一一地細數每個支派，每一天，所帶到會幕前獻上的供物，這麼樣「大量重複」的經文格式到底想要表達「什麼信息」？

民數記 No.3 妥拉

<燃起/上行>篇（**פרשת בהעלתך**）

本段妥拉摘要：

民數記第三段妥拉，標題<燃起-上行>篇，希伯來文(**בְּהַעֲלֹתְךָ**)。本段妥拉正如其標題所揭示的，是以色列百姓準備要「**拔營-上行**」，要「**離開**」這個已經駐紮將近一年之久的西奈曠野，要邁向下一個旅途和行程，也就是要向迦南地前進。所以「在行前」，耶和華神做了最後的準備工作，首先是民數記第八章吩咐亞倫要常常<**點燃**>聖所裡金燈台的燈，<**點燃**>燈台其實就是象徵<**點燃**>靈性的光輝，也就是讓神自己(神的話)，成為以色列百姓「**前行**」的嚮導和指南，帶領百姓走在正確的道路中。

第二個<**上行**>的行前預備工作，就是吩咐以色列百姓，要注意「神榮耀的雲彩」，因為這個雲彩，是決定以色列全營「何時紮營」，「何時起行」的唯一指標，就是民 9:22 所說：『雲彩 停留在帳幕 上，無論是兩天，是一月，是一年，以色列人就 住營不起行；但 雲彩 收上去，他們就 起行。』

第三個<**起行**>的預備工程，是耶和華神給以色列百姓設立的一個「國防警報-資訊布達」的預警系統，就是民 10:1-10 提到的兩隻銀號的打造，和幾個「吹號」的設定，民 10:1-2,9：『耶和華曉諭摩西說：你要用銀子做兩枝號，都要錘出來的，用以招聚會眾，並叫 眾營起行。你們在自己的地，與欺壓你們的敵人 打仗，就要用號吹出 大聲，便在耶和華－你們的上帝面前 得蒙紀念，也 蒙拯救脫離仇敵。』

最後，以色列百姓要離開西奈曠野之前，摩西給全體百姓做了一個信心滿滿的「征戰禱告」，民 10:35-36：『約櫃往前行 的時候，摩西就說：「耶和華啊，求你興起！願你的仇敵 四散！願恨你的人從你面前 逃跑！約櫃停住 的時候，他就說：「耶和華啊，求你回到 以色列的千萬人 中！」』

民數記 No.3 妥拉 <燃起/上行> 篇（**פרשת בהעלתך**）

經文段落:《民數記》8:1 - 12:16
先知書伴讀:《撒迦利亞書》2:10 - 4:7
詩篇伴讀: 68 篇
新約伴讀:《哥林多前書》10:6-13、《啟示錄》11:1-19、《腓立比書》2:1-18

一、 <燃起-上行>

民數記第三段妥拉標題<燃起-上行>。經文段落從民數記 8 章 1 節到 12 章 16 節。
<點燃-燃起>這個標題，在民 8:1-2 當中：

『耶和華曉諭摩西說：你告訴亞倫說：
點 燈的時候，七盞燈都要向燈臺前面發光。』

וַיְדַבֵּר יְהוָה אֶל-מֹשֶׁה לֵּאמֹר. דַּבֵּר אֶל-אַהֲרֹן וְאָמַרְתָּ אֵלָיו:
בְּהַעֲלֹתְךָ אֶת-הַנֵּרֹת אֶל-מוּל פְּנֵי הַמְּנוֹרָה יָאִירוּ שִׁבְעַת הַנֵּרוֹת

這段妥拉的標題: <點燃-燃起> (**בְּהַעֲלֹתְךָ**) 就是希伯來經文民 8:2 的第六個字，這
個字(**בְּהַעֲלֹתְךָ**) 就是民數記第三段妥拉的標題。

首先，來看這個標題 (**בְּהַעֲלֹתְךָ**)，這個字裡面所具有的這一個動詞字幹 (**הֶעֱלָה**)，
意思是「使...升起」、「使...提高」的意思，因為這個字幹裡面的「字根」就是(**עלה**)，
意思是「上行-爬高」。

所以，按著這個意思來重新理解這一段妥拉的標題(**בְּהַעֲלֹתְךָ**)，那它更確切的含
意，應該是 使 燈 得以<點燃-燃起>，或者，從屬靈涵義來說，就是使亞倫所點
的這個金燈台的靈性之燈，可以帶領以色列百姓，使 他們的靈命可以 <提升-
升高>，這樣才能繼續前面前進迦南的<上行>之路。

這也就是為什麼這一段標誌著以色列百姓準備要<拔營-起行>的民數記第三段妥
拉<燃起-上行>篇，它一開始會「首先」提到<點燃>金燈台，使金燈台的靈性之
燈<燃起>的內容的原因了。

因為，這個金燈台的燈，就代表著「指引-照明」以色列營隊前面<上行>路途的「方向燈」一般，其實這個燈，就是代表神自己，代表 神的話，如果我們看詩篇，裡面有很多內容都是在描述和譬喻，神的話像是「光」，像是「啟示、明燈」的經文，例如：

『祢的話 是我腳前的 燈，是我路上的 光。』詩篇 119:105
נֵר-לְרַגְלִי דְבָרֶךָ וְאוֹר לִנְתִיבָתִי

『祢的言語 一解開，就發出 亮光，使愚人通達』詩篇 119:130
פֵּתַח **דְּבָרֶיךָ יָאִיר** מֵבִין פְּתָיִים

『耶和華的命令 清潔，能 明亮 人的眼目。』詩篇 19:8
מִצְוַת יְהוָה בָּרָה **מְאִירַת** עֵינָיִם

『因為 誡命 是 燈，法則 (妥拉) 是 光，
訓誨的責備是生命的道。』箴言 6:23

כִּי נֵר מִצְוָה וְתוֹרָה אוֹר
וְדֶרֶךְ חַיִּים תּוֹכְחוֹת מוּסָר

上面讀的這幾節經文，讓我們清楚看到，**神的話，就是燈、就是光，是我們最清楚明亮的「指引-帶領」。**

所以，當以色列百姓「拔營-起行」、「搬遷-移動」的時候，他們唯一的引導和帶領，就是耶和華神，或者，更具體地說，就是會幕，這個「神同在」的居所和神聖空間。

而透過耶和華神吩咐亞倫 <**點燃-燃起**> 金燈台上面的燈的這個動作，也是來實際地告訴以色列百姓，整個以色列的全營，也包括會幕，需要 這個象徵代表「**神話語**」的金燈台的「**靈性之光**」來「**照亮**」。

『你要吩咐以色列人，把那為點燈搗成的清橄欖油拿來給你，
使燈常常點著。(לְהַעֲלֹת נֵר תָּמִיד)
在會幕中法櫃前的幔外，亞倫和他的兒子，
從晚上到早晨，要在耶和華面前 經理 這燈。
這要作以色列人 世世代代 永遠的定例。』出埃及記 27:20-21

在出埃及記的這段經文中，我們看到，**金燈台的燈，乃是要「常常」點著、「天**

天」點著。

是的，在我們人生的道路上，其實就像是在民數記裡面的以色列百姓，雖然是<在曠野>，但是如果我們天天，都能夠<點燃-燃起>「神話語」的靈性之光，在我們的生命旅途中，就不會徬徨迷惘，走迷了路，或者是走差了路。

如果你是一個正準備要「拔營-起行」，往人生的下一個旅程「前進」的人，那請先檢查一下，你的金燈台的燈有沒有<點燃>，還有沒有「純淨的」橄欖油可以<點燈>。

二、 雲彩「收上去」

神是我們人生道路最好的「指引者」、最棒的「嚮導」，祂有最美好的計畫和藍圖，所以要『 讓神走在我們前頭，在前面帶領 』；而不是自己走在神的前面。

正如以色列百姓<在曠野>的路途，他們要「完全遵照」耶和華神的吩咐「住營安營-拔營起行」，要讓神榮耀的雲彩「親自帶領」百姓前面的道路；但正如我們後來在民數記裡看到的，百姓時常想要「自己決定」前面的道路。

前文提過，本段妥拉的標題 <燃起/上行> 來自民 8:2 的 <點燃> (**בְּהַעֲלֹתְךָ**) 燈。」<點>燈的<點燃-燃起>的這個不定詞，它的動詞字根為(**עלה**)，希伯來文原意有「使...升起」、「使...上行」的意思，代表一個「提高、上升」的動作。

而這個作為 <升起-上升> 的字根 (**עלה**) 在這段妥拉民數記 第 9 章 15-23 節 這段經文中頻繁地出現，因為這段經文正好是講述到，以色列百姓的<拔營-起行>必須「要完全根據」神榮耀「雲彩的升高」才能有所行動。來看民 9:17, 21-22 希伯來文的經文，看到有(**עלה**) 這個字根的詞都把它用粗體字標示出來：

17 וּלְפִי **הֵעָלֹת** הֶעָנָן מֵעַל הָאֹהֶל וְאַחֲרֵי כֵן יִסְעוּ בְּנֵי יִשְׂרָאֵל וּבִמְקוֹם אֲשֶׁר יִשְׁכָּן-שָׁם הֶעָנָן שָׁם יַחֲנוּ בְּנֵי יִשְׂרָאֵל. 21 וְיֵשׁ אֲשֶׁר-יִהְיֶה הֶעָנָן מֵעֶרֶב עַד-בֹּקֶר **וְנַעֲלָה** הֶעָנָן בַּבֹּקֶר וְנָסָעוּ אוֹ יוֹמָם וָלַיְלָה **וְנַעֲלָה** הֶעָנָן וְנָסָעוּ. 22 אוֹ-יֹמַיִם אוֹ-חֹדֶשׁ אוֹ-יָמִים בְּהַאֲרִיךְ הֶעָנָן עַל-הַמִּשְׁכָּן לִשְׁכֹּן עָלָיו יַחֲנוּ בְנֵי-יִשְׂרָאֵל וְלֹא יִסָּעוּ **וּבְהֵעָלֹתוֹ** יִסָּעוּ

民 9:17, 21-22：

『雲彩幾時從帳幕「**收上去**」(הֵעָלוֹת)，以色列人就幾時起行。民 9:17』『有時從晚上到早晨，有這雲彩在帳幕上；早晨雲彩「**收上去**」(נַעֲלָה)，他們就起行。有時晝夜雲彩停在帳幕上，「**收上去**」(נַעֲלָה) 的時候，他們就起行。民 9:21』『雲彩停留在帳幕上，無論是兩天，是一月，是一年，以色列人就住營不起行；但雲彩「**收上去**」(בְּהֵעָלֹתוֹ)，他們就起行。民 9:22』

上面這段經文強烈地表達出一個訊息，就是：只有當神榮耀的雲彩<升起-上升>時，以色列百姓才能拔營<起行>，繼續前進。

為了更加強調出這一主題和信息，在民 **9 章 15-23 節** 這段經文中，除了<升起-上升>的字根 (עלה) 常常出現之外，這段經文還用了妥拉修辭裡面經常出現的「一詞七現」的格式，一個詞組重複出現「七次」在一段經文的敘事中，這個一詞七現的詞組就是：『**遵照耶和華的吩咐。**』希伯來文就是(עַל-פִּי יְהוָה)

民 9:18, 20 ,23 希伯來經文：

18 **עַל-פִּי יְהוָה** יִסְעוּ בְּנֵי יִשְׂרָאֵל וְ**עַל-פִּי יְהוָה** יַחֲנוּ כָּל-יְמֵי אֲשֶׁר יִשְׁכֹּן הֶעָנָן עַל-הַמִּשְׁכָּן יַחֲנוּ. 20 וְיֵשׁ אֲשֶׁר יִהְיֶה הֶעָנָן יָמִים מִסְפָּר עַל-הַמִּשְׁכָּן **עַל-פִּי יְהוָה** יַחֲנוּ וְ**עַל-פִּי יְהוָה** יִסָּעוּ. 23 **עַל-פִּי יְהוָה** יַחֲנוּ וְ**עַל-פִּי יְהוָה** יִסָּעוּ אֶת-מִשְׁמֶרֶת יְהוָה שָׁמָרוּ **עַל-פִּי יְהוָה** בְּיַד-מֹשֶׁה

民 9:18,20,23 和合本中文聖經翻譯：

『以色列人 **遵耶和華的吩咐** 起行，也 **遵耶和華的吩咐** 安營。民 9:18』『有時雲彩在帳幕上幾天，他們就 **照耶和華的吩咐** 住營，也 **照耶和華的吩咐** 起行。民 9:20』『他們 **遵耶和華的吩咐** 安營，也 **遵耶和華的吩咐** 起行。他們守耶和華所吩咐的，都是 **憑耶和華吩咐** 摩西的。民 9:23』

前面我們看到，在民 **9 章 15-23 節** 這個「獨立敘事」裡面，講到以色列百姓「拔營-起行」的基本原則的這個段落，「**遵耶和華的吩咐**」(עַל-פִּי יְהוָה) 這個詞組重複出現七次。

耶和華神在民數記前兩段妥拉，也就是民數記第一到第八章當中，大費周章地對以色列全營實施『人口普查、全營徵兵、營地布署、軍事整備』，其目的就是要為了<上行>前進迦南地 做最萬全的準備。

是的，神的計畫和安排都是最有效率，都是最好的，所以祂要以色列百姓：

「**遵耶和華的吩咐**」(עַל-פִּי יְהוָה)　而行..

願我們每一個人，在一些重要的十字路口和決定上，都能選擇「順服神的旨意和帶領」，是讓「神榮耀的雲彩」在我們的前頭「領路」，而不是「偏行己路」，自己走在神的前面。

三、「國防警報」系統

民數記第三段妥拉<燃起-上行>，正如這個標題<燃起-上行>所標示的，本段內容講述以色列百姓在<拔營-起行>準備要離開西奈山前所做的「最後預備」工作。

這個最後的預備工作，其實也就是這段妥拉前半段的主要內容，包括民數記第八章所提到的要<點燃>金燈台的靈性之光，好讓以色列百姓全營、整個大部隊在行走的時候，有正確的「指引和帶領」，再來就是民數記第 9 章 15-23 節的雲彩，這個耶和華神榮耀的雲彩，會告訴以色列百姓「何時要」紮營，「何時要」拔營-起行。然後，就來到民數記 第 10 章 1-10 節 的「吹號」，這個我們說，是耶和華神給以色列全營所設立的一個「國防警報」的預警系統。

試著想像一下，在一望無垠廣闊無邊的沙漠中，摩西和亞倫要如何帶領 200 萬如此人數龐大的以色列人，摩西要如何來「指揮-召集」全營這麼大規模的部隊，或者說，在曠野行進的過程中，如果遭遇敵人「來犯-偷襲」時，以色列百姓應該要如何「立刻反應」做出防禦性的動作，這些所謂的「國防警報-資訊布達」的系統和網絡應該要如何建立起來，這個，就是民數記 第 10 章 1-10 節 所講述的重點內容，民 10:1-2：

『耶和華曉諭摩西說：
你要用銀子做 兩枝號，都要錘出來的，
用以 招聚會眾，並叫 眾營起行。』

וַיְדַבֵּר יְהֹוָה, אֶל-מֹשֶׁה לֵּאמֹר.
עֲשֵׂה לְךָ שְׁתֵּי חֲצוֹצְרֹת כֶּסֶף מִקְשָׁה תַּעֲשֶׂה אֹתָם
וְהָיוּ לְךָ לְמִקְרָא הָעֵדָה וּלְמַסַּע אֶת-הַמַּחֲנוֹת

下面的經文，講得更仔細，就是說如果摩西有什麼重要且緊急的消息，是需要「當面」對「以色列全體百姓」公告的，那麼，這就會是像民 10:3 所講的：

『吹這（兩隻）號 的時候，
全會眾 要到你（摩西）那裡，聚集在會幕門口。』

וְתָקְעוּ בָּהֶן
וְנוֹעֲדוּ אֵלֶיךָ כָּל־הָעֵדָה אֶל־פֶּתַח אֹהֶל מוֹעֵד

如果是摩西只想要「召集各支派的族長、首領或是部隊的指揮官」，摩西想和他們「一起開會」、討論一些重要的事情和決策的時候，那麼就只會單吹一支號，就是民 10:4 所說：

『若單吹 一枝，
眾首領，就是 以色列軍中的統領，要聚集到你那裏。』

וְאִם־בְּאַחַת יִתְקָעוּ
וְנוֹעֲדוּ אֵלֶיךָ הַנְּשִׂיאִים רָאשֵׁי אַלְפֵי יִשְׂרָאֵל

再來，如果遇到需要 以色列全營立刻「拔營-起行」，要迅速離開「駐地」的時候，摩西當然不可能挨家挨戶的去通知，或者是還要去召集各支派首領到會幕那裡，這都太浪費時間，最有效的辦法，就是民 10:5-6 所描述的：

『吹出 大聲 的時候，東邊安的營都 要起行。二次吹出 大聲 的時候，南邊安的營都要 起行。他們將 起行，必吹出 大聲。』

וּתְקַעְתֶּם תְּרוּעָה וְנָסְעוּ הַמַּחֲנוֹת הַחֹנִים קֵדְמָה. וּתְקַעְתֶּם תְּרוּעָה שֵׁנִית וְנָסְעוּ הַמַּחֲנוֹת
הַחֹנִים תֵּימָנָה תְּרוּעָה יִתְקְעוּ לְמַסְעֵיהֶם

在這段經文中，和合本中文聖經翻譯的「大聲」(תְּרוּעָה) 這個字，其實就是 吹角節 (יוֹם תְּרוּעָה) 的「吹角」這個希伯來字，在傳統猶太人吹號角的吹法中，這種所謂「大聲」(的吹法，指的是一種吹出一連「九個短音」，九個 staccato 的吹法。當吹角是以這種「九個短音」(תְּרוּעָה) 吹出來的時候，除了是以色列全營要迅速「拔營-起行」，「全面移動」大部隊的信號之外，這個所謂的「大聲」(תְּרוּעָה) 其實還更是一個「警報」，民 10:9：

『你們在自己的地，與欺壓你們的敵人 打仗，就要用號吹出 大聲，
便在耶和華－你們的上帝面前 得蒙紀念，也 蒙拯救 脫離仇敵。』

וְכִי־תָבֹאוּ מִלְחָמָה בְּאַרְצְכֶם עַל־הַצַּר הַצֹּרֵר אֶתְכֶם וַהֲרֵעֹתֶם בַּחֲצֹצְרֹת
וְנִזְכַּרְתֶּם לִפְנֵי יְהוָה אֱלֹהֵיכֶם וְנוֹשַׁעְתֶּם מֵאֹיְבֵיכֶם

最後，這個銀號還會在 **節期、月朔、獻祭** 的時候吹出來，民 10:10：

> 『在 **你們快樂的日子** 和 **你們的節期**，並 **你們的月朔**，
> 獻 **你們的燔祭** 和 **你們的平安祭** 時 也要 **吹號**，
> 這都要 在你們的上帝面前 給你們作紀念。
> 我是耶和華—你們的上帝。』

> וּבְיוֹם שִׂמְחַתְכֶם וּבְמוֹעֲדֵיכֶם וּבְרָאשֵׁי חָדְשֵׁיכֶם
> וּתְקַעְתֶּם בַּחֲצֹצְרֹת עַל עֹלֹתֵיכֶם וְעַל זִבְחֵי שַׁלְמֵיכֶם
> וְהָיוּ לָכֶם לְזִכָּרוֹן לִפְנֵי אֱלֹהֵיכֶם
> אֲנִי יְהוָה אֱלֹהֵיכֶם

是的，當以色列全體百姓都按著神的「次序和法則」來行，都願意被<數點>出來，被神來「裝備和建造」的時候，神就會用最實際的方式來「保守-護衛」以色列。

現在，以色列百姓全營準備要「拔營-起行」，在離開西奈山繼續深入未知的曠野之前，耶和華神給他們設立一個「吹號」的「國防警報-資訊布達」的預警系統，這不僅給以色列全營帶來實際的「保護」，還讓以色列人知道，他們該如何確切的「對準」神的時間，用「最有效率」的方式來做事和生活。

四、 約櫃往前行

在<燃起-上行>篇這段妥拉中，經文最主要的內容和主題就是，以色列百姓已經做好行前的所有準備，就要「拔營-起行」，離開西奈山，民 10:11-13：

> 『第二年二月二十日，**雲彩** 從法櫃的帳幕 **收上去**。
> 以色列人就 **按站往前行**，**離開西奈的曠野**，雲彩停住在巴蘭的曠野。
> 這是他們照耶和華藉摩西所吩咐的，**初次往前行**。』

然後，接下來的經文，民 10:14-28，依序講述以色列四個營: 猶大營、呂便營、以法蓮營和但營的「拔營-起行」的行進隊伍，最後民 10:28 這一節經文，為這一個段落做一個總結：

『這些是以色列人按著他們隊伍 往前行 (的次序)，
他們就 (這樣) 啟程 了。』

如果接著再繼續往下看民數記第十章的經文，會看到一段特別「被區隔出來」的一段經文，來看希伯來文經文(經文照片) [1]，在大部分的抄本上，我們都會看到 10:35-36 這兩節經文的頭跟尾，分別被一個左右反過來的字母 nun. (ﬡ) 所標示和區別，好像在特別強調這兩節經文有它自己的「文本主體性」，猶太解經家甚至說這兩節經文如同「一卷書」，所以這兩節經文有時被稱為「書中之書 (The Book Between the Books)」，可見這兩節的經文重要性非同小可，來看這兩節經文，民 10:35-36：

『 約櫃往前行 的時候，摩西就說：「耶和華啊，求祢興起！願祢的仇敵四散！願恨祢的人從你面前逃跑！約櫃停住 的時候，他就說：「耶和華啊，求祢回到以色列的千萬人中！」』

初看這兩節經文，是可以很好理解的，因為民數記第十章的經文，主要就是在描述以色列全營 首次的「拔營-起行」，要離開這個「已經熟悉的」西奈曠野，繼續前面「未知」的「曠野征戰」之路，說以色列百姓當中所有的人都毫無害怕和恐懼，這是不可能的，所以在「拔營-起行」前，如果摩西向以色列全會眾「宣讀」民 10:35-36 的經文，說：

『耶和華啊，求祢興起！願祢的仇敵四散！
願恨祢的人 從祢面前逃跑！
耶和華啊，求祢回到以色列的千萬人中！』

那麼，這一段經文內容就像是摩西給以色列百姓拔營前所做的「行前禱告」或「征戰的宣告」，這個禱告/宣告 就是斬釘截鐵地告訴以色列人，讓他們知道，無論遇到什麼環境，都不要害怕，因為有耶和華神在以色列百姓的營地陣中，因為，神的居所和同在:會幕，就在 12 個支派四個營的「正中央」阿。

所以當摩西和以色列百姓都這樣「禱告」也都這樣「宣告」時，那麼，這就很清楚在表明一件事:以色列人「得勝」的力量，完完全全是「來自」耶和華神，和祂的話。

有意思的是，在民 10:35-36 的經文中，這兩節提到的「開路先鋒」，在「最前線」坐鎮不是以色列百姓，而是裡面放著十誡法版的「約櫃」。

---

[1] 見本段文本信息的 youtube 影片。

約櫃「在前頭行」的畫面，其實就正好是代表 耶和華神的「定意-決心和計畫」，那就是，耶和華神無論如何，都會帶領以色列百姓「進入」迦南地，這不是以色列百姓可以自行決定的，

因此，反過來講，若是按著「人意」來說，起心動念「帶頭」想要「回埃及去」的，總是那些小信的以色列人，每當他們遇到困難、碰到挑戰、或者面對一個「未知」的狀態時，就會立刻感到恐懼、害怕，然後就嚷嚷著說要「回埃及」去。

所以，民 10:35 一開始才會說，是『 約櫃往前行 』，而不是以色列百姓，因為以色列百姓常常會「往後退」，走「回頭路」。

回到我們各人的信仰和生命的經驗中，很多時候我們會喜歡「靠自己」往前行，但往往「靠自己」前行時，卻很容易會感到恐懼和害怕，然後就「走回頭路」了。

願我們每一個人，都能 讓主在我們的生命中「掌王權、居首位」，讓『約櫃往前行』，而不是讓「自己」走在神的前面。

五、「離開」西奈山

> 『第二年二月二十日，雲彩從法 櫃的帳幕收上去。
> 以色列人就按站往前行，**離開西奈的曠野**，雲彩停住在巴蘭的曠野。
> 這是他們照耶和華藉摩西所吩咐的，**初次往前行**。』民 10:11-13

民數記第三段妥拉<**燃起-上行**>篇標誌一個新的里程碑，因為此時的以色列百姓，就要「離開」這個已經駐紮幾個月之久的西奈曠野，要往應許之地:迦南地前進。

然而，以色列百姓待<在西奈曠野>好一段時間，「已經熟悉」這裡的氣候和環境，更重要的是，他們在這裡，在西奈山和西奈曠野經歷了非常多的事情，底下就一一地來細數：

首先要提到的當然是以色列百姓<在西奈山>「親身經歷」了耶和華神的威嚴又榮耀的顯現，出埃及記 19:16-19：

『到了第三天早晨，在山上有 **雷轟、閃電**，和 **密雲**，並且 **角聲甚大**，營中的百姓盡都發顫。摩西率領百姓出營迎接上帝，都站在山下。**西奈全山冒煙**，因為**耶和華在火中降於山上**。山的煙氣上騰，如燒窯一般，**遍山大大地震動**。角聲漸漸地高而又高，摩西就說話，**上帝有聲音** 答應他。』

也是<在西奈山>，耶和華神和以色列百姓「立約」，出埃及記 19:5-8：

『如今你們若實在聽從我的話，遵守 **我的約**，就要 **在萬民中作屬我的子民**，因為全地都是我的。你們要 **歸我作祭司的國度，為聖潔的國民。**』這些話你要告訴以色列人。摩西去召了民間的長老來，將耶和華所吩咐他的話都在他們面前陳明。百姓都同聲回答說：「**凡耶和華所說的，我們都要遵行。**」摩西就將百姓的話回覆耶和華。』

<在西奈的曠野>，以色列百姓也把神的居所:會幕給建造出來，出埃及記 40:34-35：

『當時，雲彩遮蓋會幕，耶和華的榮光就充滿了帳幕。摩西不能進會幕；因為雲彩停在其上，並且 **耶和華的榮光充滿了帳幕。**』

然後，耶和華神<在西奈山>也教導以色列百姓一切的律例、典章和法度，也就是利未記裡面所記載的一切的聖法和誡命，利未記 27:34：

『這就是耶和華 **在西奈山** 為以色列人所吩咐摩西的 **誡命。**』

再來，到民數記，耶和華神<在西奈曠野>，給以色列百姓做人口普查、數點，和全營徵兵，以及營地布署的整備工作，民 1:1-3：

『以色列人出埃及地後，第二年二月初一日，耶和華 **在西奈的曠野、會幕中曉諭摩西說：你要按以色列全會眾的家室、宗族、人名的數目 **計算** 所有的男丁。凡以色列中，從二十歲以外，能出去 **打仗** 的，你和亞倫 **要照他們的軍隊 **數點**。』

最後，就是回到我們一開始讀的經文，民 10:11-13 講到以色列百姓，在出埃及後的第二年二月二十日，準備要「拔營-起行」離開這個駐紮將近有一年之久的西奈曠野，說是有將近一年的時間，是因為在出埃及記 19:1 有提到，以色列人出埃及地以後，在 **第三個月** 的那一天，就來到 **西奈的曠野**。

所以說，以色列百姓出埃及後，<在西奈曠野> 生活了很長的一段時間，如前文所述，他們其實已經「非常熟悉」這裡的氣候和環境，他們也在這裡學習很多耶

和華神的律例、典章、誡命，在這裡建造會幕，在這裡受裝備，做新兵戰鬥訓練……等等。

或許，我們可以猜想，也許以色列百姓「**不想離開**」西奈曠野了，覺得在這裡生活也不錯，而且隨時都有耶和華神的供應和保護，打算「**定居在**」西奈，也許有些以色列人有這樣的想法。

但神的計畫卻是要以色列「進續前進」，以色列百姓「不會停滯」在西奈曠野，他們必須要「離開」這個「已經熟悉」的地方，民數記 10:11-13 的經文最後清楚地說到：他們離開西奈的曠野，乃是『 照耶和華藉摩西所吩咐的 』，初次往前行。

所以，是耶和華神要以色列百姓「拔營-起行」，「離開」西奈曠野。

沒錯，百姓<在西奈曠野>有「逐漸穩定」的生活型態，有很多的學習，有許多美好的經歷和回憶，那裏似乎也「很安全」，但是耶和華神的計畫，是要他們「離開」，離開這個「舒適圈」，繼續<上行>，繼續前面「征戰-進入」迦南的道路和行程。

可以很合理的猜想，其實以色列百姓是「不願意離開」西奈曠野的，因為對於前面「未知」的旅程，他們是充滿「膽怯、恐懼和害怕」的。

但神就是要繼續「操練、磨練」以色列百姓的信心和勇氣，所以，神要他們「離開」西奈曠野，繼續前進，勇敢地靠著神，剛強壯膽地，去面對前頭的道路。

很多時候，我們的靈命會停滯不前，是因為我們「不願意」繼續「前進-上行」、「不想要」繼續「拔營-起行」，「不肯」離開西奈曠野，但很多時候，神卻是要我們「離開」，因為離開，我們才能「擴張境界」，因為離開，我們也才能夠，「進入」我們的應許之地。

問題與討論：

1. 民數記第三段妥拉標題<點燃-燃起>(**בְּהַעֲלֹתְךָ**) 這個詞裡面的字根是(**עלה**)，這個字根的意思是什麼？ 為什麼以色列要「拔營起行/上行」之前需要<點燃-燃起> 金燈台，這個<點燃>的動作從「屬靈含意」來說指的是什麼？

2. 在 **民數記 9 章 15-23 節** 這段經文中，除了<升起-上升>的字根 (**עלה**) 常常出現之外，這段經文還用了妥拉修辭裡面經常出現的「**一詞七現**」的格式，就是一個詞組重複出現「七次」在一段經文敘事中，這個一詞七現的詞組是什麼？ 這是要強調出什麼主題和信息？

3. 在民數記第 10 章 1-10 章節中，耶和華神給以色列全營設立了各樣「**吹號**」的規定，這個「**吹號**」系統的設置目的是為了什麼？ 它有何實際的功能 (特別是<在曠野>) ？

4. 民數記 10:35-36「**約櫃往前行** 的時候，摩西就說：「耶和華啊，求祢興起！願祢的仇敵四散！願恨祢的人從你面前逃跑！**約櫃停住** 的時候，他就說：「耶和華啊，求祢回到以色列的千萬人中！」這段經文為什麼非常重要？

5. 以色列百姓出埃及後，**在西奈山** 生活很長的一段時間，他們其實已經「非常熟悉」這裡的氣候和環境，也在這裡學習很多耶和華神的律例、典章、誡命，甚至也在這裡建造會幕，在這裡受裝備，做新兵戰鬥訓練等等。或許，我們可以猜想，也許以色列百姓「不想離開」西奈曠野了，覺得在這裡生活也不錯，而且隨時都有耶和華神的供應和保護，打算「定居在」西奈。但是以色列終究是必須要「**離開西奈山**」，為什麼？

民數記 No.4 妥拉

<打發>篇（פרשת שלח）

本段妥拉摘要：

民數記第四段妥拉，標題<打發>，希伯來文(שלח)。這段妥拉的內容重點正如其標題所揭示的，講的就是探子的<打發>。

先回顧民數記上段妥拉，耶和華神已經把「前進-上行」迦南地的「最後預備」工作完成了，透過會幕上方的雲彩來「親自帶領」以色列，然後也透過兩隻銀號的吹號來傳遞「拔營-起行」和「召集」的信號，甚至這兩隻銀號也代表「國防警報」的防禦系統。最後，等一切整備工作都就緒以後，以色列百姓正式「拔營-起行」，要展開出埃及的下半場旅程，也就是從西奈山離開「往迦南地」前進。

接著，就來到<打發>篇這段妥拉。

<打發>篇這段經文就是講述以色列百姓準備要做「叩關」和「預備進入」迦南的動作，可以很合理的推測，也許原來耶和華神的計畫，很可能就是要以色列百姓在曠野的第三年或第四年，就「進入迦南-得地為業」，不過十個探子回來報的「惡信」，這些「負面-消極」的言語，嚴重「打擊」以色列人的士氣和信心，民13:31-33：

> 『我們 不能上去 攻擊那民，因為他們 比我們強壯。
> 我們所窺探、經過之地 是吞吃居民之地，
> 我們在那裏所看見的人民 都身量高大。
> 我們在那裏看見亞衲族人，就是 偉人；他們是偉人的後裔。
> 據我們看，自己就如蚱蜢 一樣；據他們看，我們也是如此。』

最後，因著這十個探子所說的這段話，也因著百姓相信「他們的話」，而「不相信」耶和華神，這就讓以色列百姓在曠野漂流了 38 年的時間。

民數記 No.4 妥拉 <打發> 篇 (פרשת שלח)

經文段落:《民數記》13:1 - 15:41
先知書伴讀:《約書亞記》2:1-24
詩篇伴讀:64 篇
新約伴讀:《馬太福音》10:1-14、《希伯來書》3:7 - 4:1

一、 是神<打發>探子嗎？

民數記第四段妥拉標題<打發>。經文段落從民數記 13 章 1 節到 15 章 4 節。
<打發>這個標題，在民 13:1-2 當中：

> 『耶和華曉諭摩西說：
> 你 打發 人去窺探我所賜給以色列人的迦南地，』

וַיְדַבֵּר יְהוָה, אֶל-מֹשֶׁה לֵּאמֹר.
שְׁלַח-לְךָ אֲנָשִׁים וְיָתֻרוּ אֶת-אֶרֶץ כְּנַעַן אֲשֶׁר-אֲנִי נֹתֵן לִבְנֵי יִשְׂרָאֵל

這段妥拉的標題: <打發> (שְׁלַח) 就是希伯來經文民 13:2 的第一個字，這個字
(שְׁלַח) 就是民數記第四段妥拉的標題。

這段經文之所以用<打發>這個字當作這段妥拉的標題，那是因為摩西<打發>探子的這個行動，正就是這段經文的主要內容，<打發>探子的事件，其實也是整卷民數記「**最關鍵-最重大**」的一個轉折點，當然，它是一個悲劇的轉折點。

因為<打發>探子的事件，導致以色列百姓要在曠野「多漂流」38 年的時間，使得出埃及那一代的以色列百姓都死在曠野後，以色列人才能進迦南地。

甚至，就連摩西自己也認為，他不能進入迦南地，是因為<打發>探子的這椿行動，其所帶來的「後續」影響，也就是: 在聽到十個探子回來所報的「惡信」之後，以色列全會眾「信心崩潰」，不信耶和華神，也不順服摩西的帶領。

在申命記裡面，摩西事後對於<打發>探子的事件做了一些回顧，申命記 1:32-35：

『你們在 (前進迦南) 這事上卻 不信 耶和華－你們的上帝。

祂 在路上，**在你們前面行，為你們找安營的地方**；

夜間在火柱裏，日間在雲柱裏，**指示 你們 所當行的路**。

耶和華聽見你們這話，就發怒，起誓說：

這惡世代的人，連一個也不得見我起誓應許賜給你們列祖的美地。』

然後，來到申命記 1:37，摩西說的更直白，摩西將他自己「不能進迦南地」這件事歸咎於那十個被<打發>出去的探子 － 他們所報的「惡信」，以及信心軟弱的以色列百姓，申命記 1:37：

『耶和華 **為你們 (以色列百姓) 的緣故** 向我 (摩西) 發怒，說：

你 (摩西) 也必不得進入那地。』

回到<打發>篇這段妥拉，再回過頭來看一次民 13:1-2 的經文，在這段經文中，有一個重要的「介係詞」沒有翻出來，民 13:1-2：

『耶和華曉諭摩西說：

你 **為你自己** <打發> 人去窺探我所賜給以色列人的迦南地，』

וַיְדַבֵּר יְהוָה, אֶל-מֹשֶׁה לֵּאמֹר.

שְׁלַח-לְךָ אֲנָשִׁים וְיָתֻרוּ אֶת-אֶרֶץ כְּנַעַן אֲשֶׁר-אֲנִי נֹתֵן לִבְנֵי יִשְׂרָאֵל

民 13:2 的這個 <為你自己>(לְךָ) 在中文和合本聖經沒有被翻譯出來。

如果我們再對照一下申命記 1:21-23 的經文會更清楚，申命記 1:21-23：

『看哪，耶和華－你的上帝已將那地擺在你面前，

你要照耶和華－你列祖的上帝所說的上去得那地為業；

不要懼怕，也不要驚惶。

你們 (以色列百姓) 都就近我來說：

『**我們要先<打發>人去，為我們窺探那地**，

將我們上去該走何道，必進何城，都回報我們。』

這話我 (摩西) 以為美，就從你們中間選了十二個人，每支派一人。』

從前面讀的民 13:1-2，和申命記 1:21-23 這兩段經文對照來看，可以知道，其實，**耶和華神 並沒有 要<打發>探子 的這個計畫，探子的<打發>應該是以色列百姓出的主意**，可以說，因為他們的「懷疑」和「小信」，所以他們來到摩西面前，吵著說要<打發>探子。

因此，摩西就來到耶和華神面前求問，是否應該要<打發>探子，結果就正如我們在民 13:2 看到的，耶和華神對摩西說『你自己決定』，若是要<打發>的話，這是你「為你自己」<打發> 的，但沒有想到這一個<打發>的行動，後續帶來了許多嚴重的後果。

二、「為自己」作見證

在探子事件中，十個探子帶給以色列全會眾影響最深的一段話在民 13:28-33，先來看民 13:27 的經文，探子們一開始所說的話：

> 『 (探子們) 又告訴摩西說：我們到了你所打發我們去的那地，
>   果然是流奶與蜜之地；這就是那地的果子。』

接下來，從民 13:28 這一節開始，十個探子開始表達出他們的「信心缺乏」，甚至是「害怕-恐懼」，民 13:28-29：

> 『然而(אֶפֶס) 住那地的民 強壯，城邑也 非常堅固寬大，
>   並且我們在那裏看見了 亞衲族的人。
> 亞瑪力人 住在南地；赫人、耶布斯人、亞摩利人 住在山地；
>   迦南人 住在海邊並約旦河旁。』

在這段經文中，最起頭的第一個字，也就是 13:28 的第一個希伯來字叫(אֶפֶס)，和合本中文聖經是翻作「然而」，(אֶפֶס) 這個字直接翻譯就是:「歸零，零」的意思。

意思就是說 ，前面 13:27 探子一開始說的迦南地『果然是流奶與蜜之地』的陳述和描述，來到 13:28 一開始的「然而」(אֶפֶס) 這個字，就「歸零」了，因為接下來探子要說的話，就不是出於神的，而是出於探子們「自己人意」的、是來自於他們自己內心的「恐懼-害怕」的個人情緒。所以，來到民 13:31，探子們就直接下了一個「完全消極和否定」的論斷和判斷：

> 『我們不能 上去攻擊那民，因為 他們比我們強壯。』
> לֹא נוּכַל לַעֲלוֹת אֶל-הָעָם כִּי-חָזָק הוּא מִמֶּנּוּ

接著民 13:32，十個探子變本加厲，他們更是進一步對這個原先他們所描述的美好的「流奶與蜜之地」的應許之地，說了「**毀謗-惡毒**」的話：

『探子 中有人論到所窺探之地，向以色列人 **報惡信**，說：
「我們所窺探、經過之地是 **吞吃居民之地**，
我們在那裏所看見的人民都身量高大。」』

וַיֹּצִיאוּ דִּבַּת הָאָרֶץ אֲשֶׁר תָּרוּ אֹתָהּ אֶל-בְּנֵי יִשְׂרָאֵל לֵאמֹר׃
הָאָרֶץ אֲשֶׁר עָבַרְנוּ בָהּ לָתוּר אֹתָהּ **אֶרֶץ אֹכֶלֶת יוֹשְׁבֶיהָ** הִוא
וְכָל-הָעָם אֲשֶׁר-רָאִינוּ בְתוֹכָהּ אַנְשֵׁי מִדּוֹת

最後，民 13:33 探子們以這樣的一句話「澈底擊潰」以色列全營的信心和士氣，並引發全體百姓歇斯底里的「失控-爭鬧」：

『我們在那裏看見亞衲族人，就是 **偉人**；他們是 **偉人**的後裔。
據我們看，自己就如蚱蜢 一樣；據他們看，我們也是如此。』

緊接著就是民 14:1 所描述的，以色列全營「信心崩盤」：

『當下，**全會眾 大聲喧嚷**；那夜百姓 **都哭號**。
以色列眾人向摩西、亞倫 **發怨言**；全會眾對他們說：
「巴不得我們早死在埃及地，或是死在這曠野。
耶和華為甚麼把我們領到那地，使我們倒在刀下呢？
我們的妻子和孩子必被擄掠。**我們回埃及去豈不好嗎？**」』

從前面我們讀的這些經文中，清楚地看到，探子所報的「**惡信**」，他們所說出的那些「**從人來的**」、「**負面-消極的**」言語，是如何地影響到以色列全體百姓，這些「**負面話語**」的影響，從民數記 13 章之後的故事發展來看，給以色列帶來了極其嚴重的後果。

探子事件，以及以色列全營的「信心崩盤」最主要的原因，是在於探子當中那些「信心軟弱」的人，

他們的眼界「沒有」定睛在神身上，而是「在自己」身上，十個探子們 故意、蓄意地「擴大」了自己的恐懼，讓自己的聲音「大過於」神的聲音，並且還給會眾帶來了不好的影響。

十個探子所散播出去「**負面消極**」的言論和「**信心缺乏**」的態度，不但沒有去激

勵百姓，給以色列百姓加油打氣，反而是把「恐懼-害怕」的氣氛帶到營地當中，讓這個「非理性的恐懼」主導了以色列民，以致於他們膽怯，就想走回頭路，回去埃及。

是的，作為神的子民，身為神國的精兵，我們是要「為自己」作見證，還是應該要『 為神作見證 』，是要順從「自己內心的感受」，還是要聽從「神話語的真理」，是要行在「屬肉體」的道路上，還是要行在「屬神的」旨意和計畫 的道路中，

以上這些，都是「探子事件」所給我們的一些重要的信仰功課的省思。

三、 迦勒與約書亞

在<打發>篇這段妥拉中，探子事件的影響無疑是深遠的，因為十個探子回來報的「惡信」，使得以色列百姓全營「信心崩潰」，讓耶和華神發怒，最後導致以色列民必須要在曠野多漂流 38 年的時間。

儘管如此，以色列百姓最後還是在約書亞的帶領下，過了約旦河，挺進迦南地，完成「得地為業」的使命和任務。

在探子事件中，可以說，如果沒有 約書亞，以及 迦勒 這兩個人替摩西和亞倫挺住，全力「力挽狂瀾」的話，那麼很有可能，以色列「前進迦南」的行程就此「中斷」，或者講的更嚴重一點，這個進入應許之地的「上行之路」就此「終結」。

以色列全營在曠野中「解體-潰散」，百姓另立一個領袖，所有人全部都回埃及去，這就是民數記下一段妥拉<可拉>篇，接著所要講述的事情。

當然，「以色列人回埃及去」這樣的結局沒有發生。

當十個探子都在說「負面消極」的話語，一直在散播讓會眾「感到恐懼」的言詞時，約書亞和迦勒反而是「堅守信心」地告訴百姓，**務要行在「神的旨意和計畫」**中。

看經文，在民數記 13 章後面，當十個探子回來開始「報惡信」，說出「自己人意、

負面」的言論時，迦勒做了一個動作，民 13:30：

> 『迦勒在摩西面前 安撫 (使..閉嘴) 百姓，說：
> 「我們立刻上去得那地吧！我們足能得勝。」』

> וַיַּהַס כָּלֵב אֶת-הָעָם אֶל-מֹשֶׁה וַיֹּאמֶר
> עָלֹה נַעֲלֶה וְיָרַשְׁנוּ אֹתָהּ כִּי-יָכוֹל נוּכַל לָהּ

13:30 節希伯來經文的第一個字，中文和合本聖經翻譯的「安撫」(וַיַּהַס) 這個動詞更直接、直白的翻譯就是「使...閉嘴」、「使...安靜」。

所以，這節經文描述了這樣一個生動的畫面，就是：當探子們說了消極、令人恐慌的話，造成百姓開始議論紛紛、吵鬧紛雜，局面準備要陷入全面混亂的時候，迦勒這時候立刻站出來，**要百姓們 全部閉嘴**，並且在以色列全會眾面前，做出勇敢地戰鬥宣告，斬釘截鐵的說出：

> 「我們立刻上去，得那地吧！因為 **我們足能得勝。**」
> עָלֹה נַעֲלֶה וְיָרַשְׁנוּ אֹתָהּ כִּי-**יָכוֹל נוּכַל לָהּ**

在十個探子的「多數聲音」齊聲說出：『我們 **不能** 上去攻擊那民，因為他們比我們強壯。我們所窺探、經過之地是吞吃居民之地，我們在那裏所看見的人民都身量高大。』民 13:31-32

之後，緊接著來到民數記 14 章，我們立刻就看到以色列全會眾的「**全面失控**」，一股「**絕望恐懼**」的氛圍充斥在以色列全營當中，百姓開始哭號、抱怨、爭鬧，甚至想要「**造反、叛亂**」，他們想要把摩西從屬靈權柄領導的位置上「拉下來」

民 14:5 的經文對於當時「失控」的局面和狀況描述得很真實：

> 『摩西、亞倫就 **俯伏 (撲倒-倒下來)** 在以色列全會眾 面前。』
> וַיִּפֹּל מֹשֶׁה וְאַהֲרֹן **עַל-פְּנֵיהֶם** לִפְנֵי כָּל-קְהַל עֲדַת בְּנֵי יִשְׂרָאֵל

這個 14:5 希伯來原文經文第一個字，這個動詞 (וַיִּפֹּל)「俯伏」，翻得更白話意思就是「**撲倒-倒下來**」。

這就表示說，現在這樣「混亂恐慌」，以色列全會眾「反抗、叛亂」的局勢，就連摩西和亞倫看到都腿軟了，以至於他們倆人都 **撲倒-倒下** 在以色列全會眾 面前。摩西和亞倫這次深深地感覺到，他們已經沒有能力和力量，可以再繼續領導

和帶領以色列百姓了。

但就在最危險、在「民族存亡」的關鍵時刻，約書亞 和 迦勒 成為了為耶和華神作見證的「真理的勇士」。

雖然摩西和亞倫此時軟弱，疲於領導，但 **約書亞 和 迦勒** 這兩位「滿有信心」，是預備好「要帶領」百姓「進入」迦南的「**真探子**」，他們趕緊地站出來，替摩西和亞倫給以色列百姓做出安定人心、激勵士氣的「信心喊話」，民 14:7-9：

『我們所窺探、經過之地 **是極美之地**。
耶和華若喜悅我們，就必將我們領進那地，把地賜給我們；
那地原是流奶與蜜之地。
但你們 **不可背叛耶和華**，也 **不要怕那地的居民**；
因為他們 是我們的食物，並且蔭庇他們的已經離開他們。
有耶和華與我們同在，不要怕他們！』

當然，接下來經文的發展讓我們看到，約書亞和迦勒的信心喊話卻遭來了群眾的憤怒，十個探子的「負面-消極」的言論，已經造成信心嚴重的破壞和士氣沉重的打擊，最後，還是由耶和華神「親自出面」來處理這次的探子事件。

探子事件，民數記 13 章和 14 章這段經文給我們讀經的人一個深刻的反省，那就是：

1. 我們是要 (帶給弟兄姊妹們) 帶來 信心-勇氣，還是帶來 灰心-恐懼 ？
2. 是要用 正面積極 的話語 彼此建造，還是用 負面消極 的言詞，帶來 爭鬧 和 分裂 ？
3. 是要鼓舞激勵大家 向前邁進，一同 進入應許和命定，還是讓大家 原地踏步，甚至 (在靈命上) 走回頭路 呢？

這也就是 <打發>篇這段妥拉，為何要特別去凸顯:**約書亞-迦勒**，和另外 10 個探子的「強烈對比」的原因了。

四、 最大的敵人

如果要用一句話來總結<打發>篇這段妥拉經文，所要教導我們的信仰功課，那就是:在面對挑戰、困難時，**首先要勝過的，是「自己裡面」恐懼-害怕的心魔**。很多時候，我們最大的敵人其實不是別人;而是「自己」。

回到民數記，從民數記一開始的人口數點、徵兵、營地布署、行軍排列的次序編排等等，我們很清楚知道，耶和華神一直在為以色列百姓「前進迦南-得地為業」在做全面性的整備和預備。

對以色列百姓來說，其實前進迦南、進攻迦南諸族，得地為業，**本來「不應該」是一件要去害怕擔心的事情**，因為耶和華神「已經應許」要賜給他們這塊流奶與蜜之地，更何況這個時候「有會幕」 這個代表「神同在-護衛」的堡壘 在以色列全營的中央，有神榮耀的雲彩隨時在會幕的正上方，帶領著百姓前面的道路。出埃及記 23:20:

> 『看哪，我差遣使者在你前面，在路上保護你，
> 領你到我所「**已經預備**」的地方去。 』

這個動詞「**預備**」(הֲכִנֹתִי) 是一個「完成式」動詞，意思是說那地方 (迦南地) 我耶和華神「已經」實實在在地準備好了，就等你們以色列百姓進來入住。迦南地，就是要「等」你們以色列百姓「進來」得地為業，因為這是耶和華神「定意要給」你們以色列民的。

在民數記前面幾段妥拉，我們也看到，耶和華神不斷地透過祂自己實際的作為和話語，在給以色列全會眾做「整備-布署」和「信心的建造」，讓以色列民清楚知道，「前進迦南-得地為業」是有耶和華神隨時的「**護衛-同在-保守**」，以色列百姓根本「**不需要害怕**」前行的道路。

譬如在民數記第二段妥拉<數點-提升>篇，在民數記 6 章後面出現的「**大祭司禱告**」:

> 『願耶和華賜福給你，**保護** 你。
> 願耶和華使他的臉光照你，**賜恩** 你。
> 願耶和華向你仰臉，賜你 **平安**。 』

這一個耶和華神透過大祭司要來祝福以色列全會眾的禱告內容，前文談過，它出

現在以色列全營 12 支派的人口數點、徵兵、營地步署的「整備」工作「完成之後」。這些整備工作之所以能夠完成，是因為以色列 12 支派全體的「團結合一」，12 支派的以色列全體成員都為著「進入迦南地」這個特殊的「使命和呼召」而願意將自己「委身-奉獻」出來。

因著這樣的「合一」這讓耶和華神非常喜悅，耶和華神自然會在以色列百姓前面所行的道路上，賜下「保護、恩典、和平安」。

再來到民數記第三段妥拉<燃起-上行>篇，在民數記第 10 章那裡提到，以色列百姓要「拔營-起行」，「離開」這個駐紮將近有一年之久的西奈曠野，是「初次」要往迦南地前行，準備要踏上這個得地為業的「征戰」之途，所以在開拔前，耶和華神又透過摩西作了一個「行前禱告」或「征戰的宣告」，民 10:35-36：

『**約櫃往前行** 的時候，摩西就說：「**耶和華啊，求祢興起！願祢的仇敵四散！願恨祢的人從祢面前逃跑！約櫃停住** 的時候，他就說：「**耶和華啊，求祢回到，到以色列的千萬人中！」**』

摩西的這個宣告就是斬釘截鐵地在告訴以色列百姓，讓他們清楚知道，無論是遇到什麼環境，都不要害怕，因為有耶和華神在以色列百姓的營地陣中，有耶和華神「在前面」替我們征戰，是耶和華神的約櫃帶著我們以色列全會眾「往前行」。

接著來到民數記第四段妥拉<打發>篇，眼看著進入迦南地，得地為業就要來到「叩關」的重要關卡上，但是卻發生「探子事件」。

只因十個探子回來報的「惡信」，這十個人嘴把裡所發出的「負面-消極」的言語，就把以色列全營給澈底擊垮，以色列人都還沒有真正遇到迦南地的那些異邦異族、那些敵人之前，**就先「被自己」給打敗了**。

<打發>篇這段妥拉中，讓我們真實地看到，其實以色列百姓「最大的敵人」，並不是那些迦南的巨人、也不是堅固的城牆，而是他們「自己心中」的害怕、恐懼，以及 對耶和華神的「懷疑、小信」。

儘管這個時候的以色列早已經出埃及、經歷紅海分開的神蹟、西奈山的頒布十誡、有會幕在營地中央、有神榮耀雲彩在會幕上方，天天吃著神奇的嗎哪，但是他們卻仍然想念埃及，甚至想回埃及去。

五、 衣裳繸子

探子事件之所以發生，以色列百姓之所以「信心崩潰」，當然一開始是肇因於十個探子報回來的「惡信」，但是話又說回來，如果以色列全營，如果只算男丁 60 萬的人口，**若是大家都很「清楚知道」耶和華「神的旨意和計畫」**，就是要「前進迦南，得地為業」，大家都「**完全相信**」神的心意的話，那麼，60 萬人的「齊心合一-團結一致」的信心和士氣，怎麼會受到區區「只有十個人」嘴巴說出來的話語的影響？

十個探子因著「恐懼」而說出來「負面-消極」的言詞之所以能大大地影響以色列全會眾，這就表示說，以色列全營的人，其實本身也是一群「信心軟弱」的人，他們對耶和華神的心意和作為，仍然「小信」，甚至是「不信」，結果這個小信和不信，最後帶來了災難。希伯來書 3:10-11：

> 『在那裏 (在曠野)，你們的祖宗 **試探我**，
> 並且觀看我的作為有四十年之久。
> 所以，我厭煩那世代的人，說：
> **他們 心裏常常迷糊，竟不曉得 我的作為！**
> 我就在怒中起誓說：他們 **斷不可進入 我的安息**。』

其實以色列百姓並不是真的不曉得、或不知道耶和華神的作為，他們只是在曠野的路上一遇到困難、挑戰的時候，就「忘記」耶和華神過去的作為，過去所施行過的一切「神蹟奇事」，**沒有把眼目「定睛在神」身上，反而是把焦點放在「眼前的困難」上面**，並且還把這些問題和困難「放大」，隨從自己肉體的慾望，總是想「回埃及」去。這個，就是探子事件之所以會發生，以色列全營信心會全面崩潰的根本原因，那就是 **順從人意、倚賴自己肉體的感官，不相信神信實的作為和誡命。**

所以，為什麼在經過探事件後，<打發>篇這段妥拉的結尾，經文還特別提到了要配戴「**衣裳繸子 (ציצת)**」的這個誡命條例的原因，民 15:38-40：

> 『你吩咐以色列人，叫他們世世代代在衣服邊上做 **繸子**，
> 又在底邊的 **繸子** 上釘一根藍細帶子。你們佩帶 **這繸子**，
> 好叫你們 看見 **就記念遵行耶和華一切的命令**，
> **不隨從自己的心意、眼目行邪淫，像你們素常一樣；**
> 使你們 記念遵行我一切的命令，成為聖潔，歸與你們的上帝。』

來到新約，我們看到，耶穌道成肉身，在世為人，當然我們知道耶穌是個猶太人，耶穌身上也穿著這個是用來要提醒自己、也提醒眾人，「要遵行」耶和華神一切誡命的「衣裳繸子」，馬可福音 6:56：

『凡耶穌所到的地方，或村中，或城裏，或鄉間，
他們都將病人放在街市上，
求耶穌只容他們摸他的 衣裳繸子；凡摸著的人就都好』

『我們若將 起初確實的信心 堅持到底，
就在基督 (彌賽亞) 裏有分了。』希伯來書 3:14

透過「衣裳繸子」這條誡命的制定，其實是要提醒，在我們人生和信仰的道路上，「不要忘記」起初的愛心，和對主火熱的心，也更不要忘記過去神在我們個人生命當中所施行的一切「拯救-建造」的奇妙工作，不論前方的道路會遭遇什麼樣的困難和挑戰，都要認定耶和華神，定睛在主的身上。

如箴言 3:5-7 所言：

『你要專心仰賴耶和華，不可倚靠自己的聰明，
在你一切所行的事上都要認定祂，祂必使你路途平直。
不要自以為有智慧；要敬畏耶和華，遠離惡事。』

問題與討論：

1. 民數記第四段妥拉標題<打發>，顧名思義本段妥拉的經文內容主要是講到探子的<打發>，不過可以回過頭來問的是，「**是耶和華神打發探子嗎？**」 探子的<打發>到底是誰出的主意？

2. 「探子事件」以及後續造成以色列全營的「信心崩盤」，最主要的原因是什麼？

3. 當以色列全營信心崩盤，並且就連『摩西、亞倫就 俯伏 (撲倒-倒下來) 在以色列全會眾 面前 』的時候，是哪兩個人挺身而出，穩住局面？ 這兩人替摩西和亞倫給以色列百姓做出安定人心、激勵士氣的「**信心喊話**」，這個喊話的內容說了些什麼？

4. 以色列百姓「**最大的敵人**」，其實並不是那些迦南的巨人、也不是堅固的城牆，而是什麼？

5. <打發>篇這段妥拉的結尾: 民數記 15:38-40，經文還特別提到要配戴「**衣裳繸子 (צִיצִת)**」，耶和華神在「探子事件-信心崩盤」的情事發生後還特別設立了這個誡命，它的目的是什麼？

民數記 No.5 妥拉

<可拉>篇（**פרשת קרח**）

本段妥拉摘要：

民數記第五段妥拉標題<可拉>，希伯來文(**קרח**)。這段妥拉之所以命名為<可拉>，顧名思義，經文內容的主角和主要內容講得正好就是<可拉>的叛亂。

延續上段妥拉<打發>篇，以色列百姓因十個探子回來報的「惡信」，結果造成全營的「哭號、爭鬧」，和「信心崩潰」，民 14:1-4：

『當下，全會眾 大聲喧嚷；那夜百姓 都哭號。以色列眾人向摩西、亞倫 發怨言；全會眾對他們說：「巴不得我們早死在埃及地，或是 死在這曠野。耶和華為甚麼把我們領到那地，使我們倒在刀下呢？我們的妻子和孩子必被擄掠。我們回埃及去豈不好嗎？」眾人彼此說：「我們不如立一個首領回埃及去吧！」』

<可拉>正是深刻地察覺到，摩西現在早已經「失去」以色列全營的「民心」，所以<可拉>趁勢而起。

雖然身為哥轄族的他，已經被指派是要負責管理會幕裡面：「聖所和至聖所的器具」，這樣的一個神聖職分和權柄，但是<可拉>還不滿足，他想要「奪取」摩西的領導權柄，甚至是亞倫的「大祭司」的職分，於是就「利用」以色列百姓現在所積累深厚的「民怨」，要來做「政變-叛亂」的動作，這個，就是<可拉>篇這段妥拉，起始處的經文所記載的，民 16:1-3：

『利未的曾孫、哥轄的孫子、以斯哈的兒子<可拉>，和呂便子孫中以利押的兒子大坍、亞比蘭，與比勒的兒子安，並以色列會中的二百五十個首領，就是有名望選入會中的人，在摩西面前 一同起來，聚集攻擊摩西、亞倫，說：「你們擅自專權！全會眾個個既是聖潔，耶和華也在他們中間，你們為甚麼自高，超過耶和華的會眾呢？」』

民數記 No.5 妥拉 <可拉> 篇（פרשת קרח）

經文段落:《民數記》16:1 - 18:32
先知書伴讀:《撒母耳記上》11:14 - 12:22
詩篇伴讀: 5 篇
新約伴讀:《約翰福音》19:1-17、《使徒行傳》5:1-11、《猶大書》全卷

一、 <可拉>的「竊取」

民數記第五段妥拉標題<可拉>。經文段落從民數記 16 章 1 節到 18 章 32 節。<可拉>這個標題，在民 16:1：

> 『利未的曾孫、哥轄的孫子、以斯哈的兒子 可拉，
> 和呂便子孫中以利押的兒子大坍、亞比蘭，與比勒的兒子安，』

> וַיִּקַּח **קֹרַח** בֶּן-יִצְהָר בֶּן-קְהָת בֶּן-לֵוִי
> וְדָתָן וַאֲבִירָם בְּנֵי אֱלִיאָב וְאוֹן בֶּן-פֶּלֶת בְּנֵי רְאוּבֵן

這段妥拉的標題: <可拉> (**קֹרַח**) 就是希伯來經文民 16:1 的第二個字，這個字 (**קֹרַח**) 就是民數記第五段妥拉的標題。

<可拉>之所以會成為這段妥拉經文的標題，那當然是因為，在這段經文中，帶頭「擾亂」，製造「分裂」，鼓動叛亂的始作俑者，就是<可拉>這個人。

在民數記的經文裡，我們看到這一段妥拉是 **最黑暗**、也是 **最危險** 的一段，是以色列百姓出埃及後，在曠野當中所經歷的一次最大、最嚴重的「分裂」危機。

再回到民 16:1-2 的經文：

『利未的曾孫、哥轄的孫子、以斯哈的兒子<可拉>(拿取-竊取) (**וַיִּקַּח**)，和呂便子孫中以利押的兒子大坍、亞比蘭，與比勒的兒子安，並以色列會中的二百五十個首領，就是有名望選入會中的人，在摩西面前一同起來，』

וַיִּקַּ֣ח קֹ֔רַח בֶּן־יִצְהָ֥ר בֶּן־קְהָ֖ת בֶּן־לֵוִ֑י וְדָתָ֨ן וַאֲבִירָ֜ם בְּנֵ֤י אֱלִיאָב֙ וְא֣וֹן בֶּן־פֶּ֔לֶת בְּנֵ֥י רְאוּבֵֽן׃
וַיָּקֻ֙מוּ֙ לִפְנֵ֣י מֹשֶׁ֔ה וַאֲנָשִׁ֥ים מִבְּנֵֽי־יִשְׂרָאֵ֖ל חֲמִשִּׁ֣ים וּמָאתָ֑יִם נְשִׂיאֵ֥י עֵדָ֛ה קְרִאֵ֥י מוֹעֵ֖ד
אַנְשֵׁי־שֵֽׁם׃

在這段經文中，中文和合本聖經沒有把民 16:1 最重要的一個字，也就是 16:1 的第一個字 (וַיִּקַּח) 翻譯出來，(וַיִּקַּח) 這個動詞字面上的意思就是「**拿-取**」，英文 **take**，再翻得更強烈一點，這個字其實要表達的就是<可拉>所想要「**奪取-竊取**」的領導地位和屬靈權柄。

然後民 16:3，就是由<可拉>帶著他的黨羽們所對摩西做出的攻擊和指控：

『聚集攻擊摩西、亞倫，說：
「**你們擅自專權**！全會眾個個既是聖潔，耶和華也在他們中間，
你們為甚麼自高，超過耶和華的會眾呢？」』

上面這段話，就是<可拉>和他的同黨們對摩西所「控訴」的言詞，不過很諷刺的是，<可拉>所指控的『擅自專權-自高』不正好就是<可拉>他自己現在正在大張旗鼓，正在運作的事情嗎？<可拉>此時就是想要「推翻」摩西的領導和屬靈權炳，**自己自立為領袖。**

所以，真正在『擅自專權-自立為王』的人，其實就是<可拉>本人，不過我們要問，**為什麼**<可拉>**他要這麼做**，或是說，基於什麼原因，會讓<可拉>產生這樣的念頭要來「反叛」摩西的屬靈權柄。

如果我們去看利未支派的家族系譜 (圖表) [1] 那就會發現，<可拉>和摩西、亞倫都是同出一個家族的子孫，他們都是「哥轄族」的子孫，在這個系譜圖，我們可以清楚看到，<可拉>和摩西、亞倫他們有一個共同的祖父，就是哥轄。

只不過，正如我們在民數記前面，在民數記第三章和第四章看到的，耶和華神對於「祭司-利未各族」職分和任務的分派上面，**摩西和亞倫** 是特別再從哥轄族「分出來」的一小群特殊職分的人。所以，按職分來說：

1. **哥轄族** 出身的 **摩西**，具有最高政治的、和屬靈的領導權柄，他肩負著帶領以色列百姓出埃及，前進迦南的總體任務。

2. 再來，也是 **哥轄族** 出身的 **亞倫** 則是具有宗教領袖的地位，作為「大祭司」的亞倫，他負責會幕裡面所有關於「獻祭-贖罪」的事宜，以及「聖潔」條例

---

[1] 見本段文本信息的 youtube 影片。

的教導和維繫。

3. 然後就是 **利未三族**：哥轄族、革順族、和米拉利族他們各自所分派到的「神聖職分」和業務工作。

利未三族所分派的職分和業務中，**哥轄族** 所監管的業務是最神聖的，因為他們要負責看守會幕裡面，在聖所和至聖所當中的聖物，包括:約櫃、陳設餅的桌子、金燈台、香壇等等。

再回到<可拉>，<可拉>之所以要起來「叛亂-反抗」摩西和亞倫的領導和屬靈權柄，最主要原因就在於，同樣是出身 **哥轄族** 的子孫後代，為什麼摩西、亞倫你們兩人可以「獨立於」哥轄族之外，一個擁有政治領導權(摩西)，一個又具有宗教領袖權(亞倫)，而我<可拉>卻只能負責「看守」聖所裡面的器具？

所以，基於這樣「**嫉妒**」的心態和想要「**竊取權柄**」的動機，<可拉>決定要起來叛亂，然而，僅憑一人之力沒辦法成為一股勢力，所以<可拉>還夥同了呂便支派的子孫，一起成為反對的力量。

至於<可拉>為什麼會找上呂便的子孫，可以合理的推測，或許當時**呂便**支派的人，也想要恢復 12 支派「**長子**」的領袖和領導地位，因為從營地的部屬和劃分上面 (圖表) [2]，很明顯，耶和華神是把領導的位置給了「猶大支派」。另外，再從地緣上來說，哥轄族安營的地方和呂便支派安營的位置是比鄰而居的，他們都是被安營在會幕的南邊，所以很容易可以互通有無，彼此傳遞訊息。

從上文這樣的分析，清楚知道，<可拉> 的叛亂，是一場完全出於「**人意-私慾**」的叛亂，這樣的叛亂，目的就是「**挑戰**」耶和華「**神親自設立**」的屬靈-領導權柄，而這樣的叛亂和挑戰，最後帶來了 **嚴重的分裂**、甚至還有 **神的懲罰**，以及**死亡**。

可拉「叛亂」的事件，提醒我們，尤其是在教會裡面「任職-侍奉」的人，我們要常常檢視自己，我們服事的動機到底是出於「私慾-人意」的，還是是單純的完全按照「神的心意」來事奉的。

因為出於「**人意-私慾**」的侍奉往往會帶來**分裂、敗壞**，甚至最後 **被神親自拆毀**。

---

[2] 見本段文本信息的 youtube 影片。

二、 屬靈的民粹主義

從經文脈絡的發展來看，<可拉>的叛亂之所以會發生，之所以能夠產生，這是有原因的。

在上段妥拉<打發>篇當中，我們看到，「探子事件」最後給以色列百姓帶來沉重的打擊，民 14:28-30：

耶和華說：

『我指著我的永生起誓，我必要照你們達到我耳中的話待你們。

你們的屍首 必倒在這曠野，

並且你們中間凡被數點、從二十歲以外、向我發怨言的，

必不得進 我起誓應許 叫你們住的那地。』

此外，在探子事件所造成以色列全營的抱怨、爭鬧、反叛，耶和華神也用瘟疫懲罰以色列百姓，民 14:36-37：

『摩西所打發、窺探那地的人回來，

報那地的惡信，叫全會眾向摩西發怨言，

這些報惡信的人 都遭瘟疫，死在耶和華面前。』

由此看到，在「探子事件」中，以色列全營可說是「**遭受重創**」。首先、本來在民數記開頭幾章數點、徵兵，是要出來「**打仗征戰-得地為業**」的 20 歲以上的男丁，**現在都不能進迦南地了**；再來，在這次的事件中，還引來耶和華神的憤怒，降下瘟疫，讓以色列百姓營中死傷無數。

探子事件所造成的後續影響對以色列百姓來說，是非常難過、痛苦甚至是悲憤、仇恨的，可以想見，當時的以色列全營是「群情激憤」的，因為本來的計畫是大家都要進迦南地的，搞得現在 全部的人「都不能」進去，而且還要在曠野漂流三十八年。

可以這樣說，百姓之所以會常常「抱怨」，甚至最後產生「悖逆-叛亂」，這乃是因為他們認為，**每一次 災難、瘟疫 和 懲罰 的發生，都是跟 摩西 有關**，以色列百姓這種的邏輯是一種「倒果為因」的思維，他們以為真正的問題是「出在摩西」身上，是摩西來到神面前，向耶和華神禱告祈求，「建議」耶和華神用毀滅、殘酷的刑罰來「管教-懲罰」百姓。

因為，事實上，也真的沒有人知道，到底每一次摩西來到耶和華神面前，摩西跟神「說了什麼」，所以百姓們就猜想，摩西一定是跟耶和華神說了我們這些百姓壞話，所以才會有災難、瘟疫發生。

當百姓這樣地「去想、去揣測」摩西、去看摩西，認為摩西就是這樣一個「會打小報告」的屬靈領袖時，那麼百姓肯定會把所有的怒氣、憤慨，甚至仇恨都一股腦兒，全部加諸在摩西一個人身上。

來到<可拉>篇這段妥拉，沿著「探子事件」的脈絡發展下來，我們就可以看到，<可拉>他是很清楚知道現在整個「以色列全營」百姓的「民心」是敵對摩西的。

關於這一點，從民 16:41 就可以看得很清楚，當時耶和華神已經用土地的裂開吞吃了可拉叛黨的一群人，但「昏昧的」以色列百姓竟還繼續對摩西、亞倫發怨言，說出這樣的話：

> 『第二天，以色列全會眾都向摩西、亞倫發怨言說：
> 「你們 殺了耶和華的百姓了。」』

因此<可拉>的叛亂，就客觀環境而言，他可以在這個時候趁機「順勢而起」，趁著現在瀰漫在以色列全營當中的一股「反摩西」的氣氛和力量，<可拉>利用這股「民粹」的勢力，利用「愚昧的」以色列百姓，他們此時與摩西的「矛盾衝突」的情結，這個在以色列全營中正在滋生的「分裂-群眾」意識，要來反抗摩西，並「奪取-竊取」摩西的屬靈權柄。

<可拉>表面上看似是想要「提升」自己的靈命，追求「更高的」屬靈地位，但是其實他背後真正的目的只是為了要「追求權柄-奪取權力」。

以色列百姓對<可拉>而言，只是他要利用的工具和手段，因為<可拉>起來反叛摩西後面的「私慾-動機」，唯獨只是要這個「權柄-權力」而已，<可拉>並不是真的愛百姓，是按照「神的心意和計畫」來建造百姓、帶領把姓前進迦南。正好相反，<可拉>只是想要藉著以色列百姓來達到「竊取權柄」，自立為王，並控制以色列百姓。

而<可拉>這樣按著「自己人意」所發動的叛亂，所帶來的後果是非常嚴重的，因為<可拉>利用了這個所謂的「屬靈的民粹」，進一步的「加劇」摩西和百姓之間的「對立」，也更深地「撕裂-破壞」以色列，這個「神聖」民族團體的「完整性、合一性」。

因為，如果<可拉>真的「奪權」成功，那麼「以色列」就再也不是一個「神聖」的民族團體，而是一個「人意」的黨羽派系。

摩西知道<可拉>反叛的深層心理因素，因為<可拉>不滿足於他和摩西雖然同是身為哥轄族的後代，但卻只有被指派到管理會幕當中「聖物器具」的職分，<可拉>要的更多，<可拉>想要摩西的「領導權柄」，也想要亞倫「大祭司」的職分，<可拉>想要「全權掌控」會幕。所以民 16:19 記載：

『<可拉> 招聚全會眾 到 會幕 門前，
要攻擊摩西、亞倫。』

對摩西而言，他當然非常清楚地知道 這些「權柄-位份」，其實都是來自耶和華「神的分派-給予」。所以摩西在民 16:9-11 節這樣直截了當地對<可拉>說：

『以色列的上帝從以色列會中將你們分別出來，
使你們親近祂，辦耶和華帳幕的事，並站在會眾面前替他們當差。
耶和華又使你和你一切弟兄－利未的子孫－一同親近祂，這豈為小事？
你們還要求祭司的職任嗎？
你和你一黨的人 聚集 是要攻擊耶和華。』

<可拉>事件給我們一個很嚴肅的信仰省思，尤其是對「在上位者」，那些擁有屬靈「職分-權柄」的人而言，必須要常常省思的是，到底我的服事是按著「神的心意-法則-真理」在服事；還是，我是在「利用」我的職分和權柄，出於「自己人意」來「奪權掌控」做我自己想要的事，結果最後卻帶來了分裂、傷害、災難和毀壞。

三、「話語」的影響

『耶和華所恨惡的有六樣，連他心所憎惡的共有七樣：就是
高傲的眼，撒謊的舌，流無辜人血的手，圖謀惡計的心，
飛跑行惡的腳，吐謊言的假見證，並弟兄中 布散紛爭 的人。』箴言 6:16-19

稍微回顧一下民數記，就會發現，其實以色列百姓<在曠野>中出現的狀況和危機，往往都是跟「人的話語」有關係，也就是那些「負面-消極」的言語，或者是「毀謗-攻擊」的言辭，還有「苦毒」的話語也就是「抱怨」。

這些從「人意-私慾」來，而不是從耶和華「神-真理」來的話語和思想，大大的影響以色列全體百姓，說的更嚴重一點，就是這些「負面-黑暗」的言語，改變以色列民在曠野的道路和方向，甚至也決定了以色列百姓的命運。

底下，就來看看民數記各段妥拉中，跟「負面言語」有關係的經文段落：

首先就是民數記第三段妥拉<燃起-上行>篇，11 章的「他備拉」事件，此時，以色列全營已經拔營-起行，「離開」西奈曠野，要展開出埃及的第二階段行程:從西奈曠野到迦南地的「首次」的旅程。但是來到 11 章，百姓就開始「發怨言」了，民 11:1-3：

> 『眾百姓 發怨言，他們的惡語達到耶和華的耳中。
> 耶和華聽見了 就怒氣發作，使火在他們中間焚燒，直燒到營的邊界。
> 百姓向摩西哀求，摩西祈求耶和華，火就熄了。
> 那地方便叫做 他備拉(תַּבְעֵרָה)，因為耶和華的火 燒(בָּעֲרָה) 在他們中間。』

在 他備拉 因著百姓「發怨言」而造成的「火燒營」事件才結束沒多久，接下來，百姓又在哭號抱怨，民 11:4-6：

『他們中間的閒雜人 大起貪慾的心；以色列人 又哭號說:「誰給我們肉吃呢？我們記得，在埃及的時候不花錢就吃魚，也記得有黃瓜、西瓜、韭菜、蔥、蒜。現在我們的心血枯竭了，除這嗎哪以外，在我們眼前並沒有別的東西。』

然後到了民數記 12 章，就連摩西的哥哥和姐姐:亞倫和米利暗也說「毀謗」的言語攻擊摩西，民 12:1-2：
> 『摩西娶了古實女子為妻。
> 米利暗和亞倫因他所娶的古實女子就 毀謗 他，說:
> 難道耶和華單與摩西說話，不也與我們說話嗎？』

結果，米利暗長大痲瘋，被隔離在營外，使得以色列全營大部隊的旅途和行程受到「延宕」。

來到民數記第四段妥拉<打發>篇，我們看到，一個「負面-消極」的言語最後是怎麼樣像「傳染病」一樣，迅速「影響-擴散」到全體百姓，使的以色列全營「信

心崩潰」的發展過程。

> 『摩西所打發、窺探那地的人回來，報那地的 惡信，
> 叫全會眾向摩西 發怨言，』民 14:36

民 14:36，十個探子回來「報惡信」，「報惡信」希伯來文叫(לְהוֹצִיא דִבָּה)，更白話的翻譯就是『生出-編造 不實的、惡毒的 謊言 出來。』

也就是說，明明耶和華神的心意，就是要以色列百姓「前進迦南-得地為業」的，而探子們也親眼看到「那地的美好」，但十個探子卻說出負面-消極，甚至「惡毒的言語」去「毀謗」這個耶和華神所說的「美好寬闊-流奶與蜜」之地。

結果，**這些探子們所編造出來的「惡信」**，就使的以色列全營鼓譟、爭鬧、分裂，於是以色列全會眾又開始「大肆抱怨」，然後醞釀出一股「反摩西」的勢力，這個就是接下來，民數記第五段妥拉<可拉>篇所繼續發展的經文敘事。

<可拉>正是利用「探子事件」發生之後，以色列百姓所已經積累出的一股反摩西的「民意」，**大肆的散播「分裂的言論」**，和 對摩西「擅自專權」的言語指控，結果演變到最後，<可拉>一黨叛亂勢力，竟然可以帶頭「公然挑戰-違抗」摩西的屬靈權柄，並且還「教唆」以色列百姓一起大膽叛亂。民 16:12-14：

『摩西打發人去召以利押的兒子大坍、亞比蘭。**他們說：「我們不上去！你將我們從流奶與蜜之地領上來，要在曠野殺我們，這豈為小事？你還要自立為王轄管我們嗎？並且你沒有將我們領到流奶與蜜之地，也沒有把田地和葡萄園給我們為業。難道你要剜這些人的眼睛嗎？我們不上去！』**

最後，民 16:19：

> 『<可拉> 招聚全會眾 到 會幕 門前，
> 要攻擊摩西、亞倫。』

民數記的經文敘事發展至此，讓我們這些閱讀的人感到不勝噓唏，這些本來在民數記前面幾章，一開始是要被<數點>出來，成為神國精兵，要「前進迦南-得地為業」的精兵勇士，怎麼現在反過來成為屬靈領袖:摩西的敵人，而且，他們現在竟然還願意要跟著<可拉>一起「回埃及」去。

以色列，此刻正面臨民族「分裂」、國家「存亡」的危險關頭，然而，為何會走到如此的黑暗的地步，這都是因為那些出於「私慾」而來，**不實的、負面的、消極的、惡毒的、帶來紛爭和分裂的「人言人語」**所造成的。

最後，再讀一次箴言 6:16-19 這段經文，以茲警惕：

『耶和華所恨惡的有六樣，連他心所憎惡的共有七樣：就是
高傲的眼，撒謊的舌，流無辜人血的手，圖謀惡計的心，
飛跑行惡的腳，吐謊言的假見證，並弟兄中 布散紛爭 的人。』

四、 神的拆毀

綜觀整部妥拉/摩西五經，可以從經文中發現到一些格式，其中一個可以歸納出來的這個我們說「神的法則」就是：當一些「人意」的作為，是「不屬神」的「犯罪-敗壞」的活動和事件，如果發展到一種「不可收拾」或「完全失控」的程度和地步，那這個時候，**耶和華神就會出面「強力制止」或是「親自拆毀」這些人的作為和活動。**

底下，從創世記一路回顧下來:

首先、在創世記一開始，本來耶和華神所創造的一切都甚美好，但是因著人類的犯罪，和敗壞，一路發展到最後，人所思所想盡都是惡，結果讓耶和華神不得不用 大洪水「終止」人類罪惡的無限發展。

雖然有過大洪水的毀滅和人類歷史的「中斷-停止」，但挪亞之後不過三、四代的人，犯罪-悖逆神的本能又開始蠢蠢欲動，於是發生 巴別塔 事件。耶和華神看到地上的人類集合起來，成為一個大一統的帝國，興建巴別塔，是要來對抗神，然後神就又「**強行介入-拆毀**」，這就是巴別塔「**語言變亂**」的事件，神把人「**打散**」到世界各地。

來到亞伯拉罕和他的侄兒羅得，羅得選擇肥沃的 所多瑪 平原，但經文告訴我們那裏是「罪惡甚重」之地，因為就連耶和華神所派來的兩位天使，所多瑪合城的男人都想要「侵犯-玷污」他們，於是耶和華神又再一次的施行「**毀滅-懲罰**」的行動，神降下了 硫磺與火，「**澈底拆毀**」這個人類「極端罪惡」的城市:也就是所多瑪和蛾摩拉。

接著到了出埃及記，耶和華神展開「拯救」以色列民「**出埃及**」的行動和計畫，

但心硬的法老帶領著他強大的埃及帝國「強力攔阻」耶和華神的救贖任務，結果耶和華神用 十災，把這個人類文明發展到顛峰的埃及帝國給「徹底拆毀」，為的就是讓以色列百姓「可以」出埃及。

以色列百姓出埃及後，來到西奈山，雖然領受十誡，不過他們很快地又「犯罪-敗壞」，就是「金牛犢」事件，以色列百姓看到摩西不見了，全營陷入恐慌、鼓譟、爭鬧，於是就要亞倫另造一尊偶像，並說這尊偶像是帶領他們出埃及的上帝，耶和華神看到這個「好不容易」才領出埃及的以色列民，現在居然陷入一陣「瘋狂、歇斯底里」的金牛犢大拜拜，於是耶和華神只好「出面制止」，結果有三千人被殺。

來到民數記，我們看到耶和華神「親自出面-直接拆毀」這些「人意」的作為和活動的事件就更多了。

像是在<打發>篇當中的 探子事件，當以色列百姓聽到十個探子回來報的「惡信」的時候，全營喧鬧、哭號，陷入一片混亂和失控的局面，這樣的狀況，就連摩西和亞倫都無法面對和處理，於是約書亞和迦勒此時出面，向以色列全會眾信心喊話，結果全會眾想要殺他們兩人，民 14:10：

> 『但全會眾說：「拿石頭打死他們 二人。」
> 忽然，耶和華的榮光 在會幕中向以色列眾人 顯現。』

當以色列全營已經陷入「完全失控」，百姓想要「自行決定」前面的道路，另立一個首領「回埃及」去的時候，這個「耶和華的榮光」，就直接在會眾面前顯現出來，這其實就是很清楚明白的在告訴百姓，不要再「悖逆-敵檔」神。

來到<可拉>篇這段妥拉同樣也是如此，當<可拉>想要用「自己人意」的方式來「竊取」權柄、奪權，並且「煽動」百姓來「反叛」摩西，眼看情勢就要一發「不可收拾」，耶和華神也是「親自現身-直接制止」這些人意的行動。民 16:19：

> 『<可拉>招聚全會眾到會幕門前，要攻擊摩西、亞倫；
> 耶和華的榮光 就向全會眾 顯現。』

來到民 16:42 也是一樣，耶和華神「親自現身-直接制止」百姓的叛亂和暴動：

> 『會眾聚集 攻擊 摩西、亞倫 的時候，向會幕觀看，
> 不料，有雲彩遮蓋了，耶和華的榮光 顯現。』

除了「耶和華的榮光」直接顯現在會眾前，探子事件和可拉叛亂，耶和華神還用瘟疫「懲罰」以色列百姓，**透過實際的災難和死亡，來強行「介入-終止」瀰漫在以色列全營裡面的這股「分裂-悖逆」的罪惡勢力**，為的就是要讓以色列「前進迦南-得地為業」的任務和使命，最終得以被成就和達成。由此可見，耶和華神真是用心良苦。

是的，若不是出於神的心意和計畫的這些「人為-人意」的行動，**神必定會「強行拆毀」**，信實的神必會讓「祂的旨意和計畫」最終得以「被實現-完成」，就像以色列人最後，在約書亞的領導下，過了約旦河，順利地進入迦南地，「得地為業」。

最後，以約伯記 42:2 這節經文來作為這一段的小結：

『我知道，
祢萬事 都能做；
祢的旨意 不能攔阻。』

五、「責任」與「權柄」

在<可拉>篇這段妥拉，我們看到，因著<可拉>的叛亂，導致以色列全營陷入分裂、澈底失控的局面。

身為哥轄族的<可拉>其實已經被賦予負責看守會幕裡，聖所的器具和聖物，但是他「不滿足於」這樣的神聖職分，他沒有盡到他職分上應該要盡的「責任」，他反而是還想要「更大的權柄」。

說的更直白一點就是，<可拉>沒有按照他利未人哥轄族的神聖職分，來引導以色列百姓來「親近」耶和華神，教導他們正確的「獻祭-贖罪」，**反倒是利用了他「自己的權柄」和職分，來興風作浪，「激化」百姓與摩西之間的對立，甚至是與耶和華神的對立，引導百姓去「犯罪」**，最後，走上滅亡的道路。

所以，在<可拉>的叛亂中，也讓我們清楚看到，「**責任**」與「**權柄**」的對照關係。當摩西在和<可拉>對質的過程中，摩西對著一心只想「竊取權柄」的<可拉>說：

『我行的這一切事 本不是憑我自己心意 行的，

乃是耶和華打發我行的，必有證據使你們知道。』民 16:28

摩西對<可拉>說的很清楚，摩西他的帶領，他的每一個決策和決定，**都不是為著自己的**，都『**不是憑我自己心意**』行的，摩西都是「**完全遵照**」耶和華神的旨意，摩西乃是「**完全順服**」耶和華神，來「肩負」這項帶領以色列百姓出埃及，進迦南，得地為業的「**重責大任**」。

事實上，對於帶領以色列百姓的這麼一項重大的「**責任**」，和極大的「**權柄**」，摩西從一開始「就沒有」想要攬在自己身上。在出埃及記 3:11，當摩西被耶和華神呼召，首次聽到神要給他的這個帶領百姓出埃及的任務和「權柄」的時候，摩西對上帝說：

「**我是甚麼人**，竟能去見法老，將以色列人從埃及領出來呢？」

『摩西對耶和華說：「主啊，我素日 **不是能言的人**，就是從祢對僕人說話以後，也是這樣。**我本是拙口笨舌的。**」』出埃及記 4:10

來到出埃及記 32 章，在發生金牛犢事件後，摩西甚至還這樣替犯罪的百姓代求，說，出埃及記 32:32：

『倘或你(耶和華) 肯赦免他們的罪

不然，求祢從祢所寫的冊上 **塗抹我** (摩西) **的名。**』

到了民數記，以色列百姓在曠野出了那麼多事，摩西甚至還想要耶和華神把這個帶領百姓的權柄「收回去」，民 11:14-15：

『**管理 (承擔-背負) 這百姓** 的 **責任太重** 了，我獨自擔當不起。

你這樣待我，我若在你眼前蒙恩，求你立時將我殺了，不叫我見自己的苦情。』

上面民 11:14 的經文，和合本翻譯的「**管理**」(לָשֵׂאת) 這個字直接按字面翻譯就是「**承擔-背負**」。

摩西清楚知道，帶領以色列、「**承擔-背負**」著百姓前面的道路和命運，這乃是一項非常嚴肅而沉重的「**責任-使命**」。

所以，再拉回到<可拉>，把<可拉>和摩西兩相對照一下來看，就很清楚了。

<可拉>要的，只是個人的「**權力-權柄**」，<可拉>並不管自己叛亂的行動，會帶給

以色列百姓需要「犧牲的代價」有多大，這就相對比於摩西所肩負的重大「責任」和承受「巨大的壓力」，因為摩西，他總是第一個「先為百姓」著想，而寧可願意來「犧牲自己」。

這個，也就是摩西的謙卑和偉大，所以耶和華神才對亞倫和米利暗說：

『他是在我全家 盡忠的 (נֶאֱמָן)。』民 12:7

民 12:3 又說：

『摩西為人 極其謙和 (עָנָו מְאֹד)，勝過世上的眾人。』

是的，透過<可拉>篇這段妥拉，來警惕我們，身為一個屬靈的領導，到底你所重視和在乎的，是你自己「權柄的大小」，還是你更應該要看重的是，你被賦予這個權柄所應該要盡的神聖「使命-責任」。

因為真正的屬靈權柄乃是「來自上帝」，並不是來自於你自己，所以當祢被神賦予權柄的時候，你理當要完成「神所交付」給你的工作和任務，而不是利用這個權柄來「滿足自己」的私慾，做自己的事情。

問題與討論：

1. 民數記第五段妥拉標題<可拉>，顧名思義這段妥拉的主角就是<可拉>。<可拉> 為什麼會在民數記 16:3 指控摩西、亞倫：「你們擅自專權！全會眾個個既是聖潔，耶和華也在他們中間，你們為甚麼自高，超過耶和華的會眾呢？」<可拉>這樣指控「背後的動機和目的」是什麼？

2. <可拉>的叛亂之所以能在此時趁機「順勢而起」，形成一股「反摩西」的氛圍和力量，是因為<可拉>做了什麼事情？ 他利用了什麼？ 操作了什麼？

3. 回顧一下民數記，就會發現，其實以色列百姓<在曠野>中出現的狀況、危機甚至是災難，往往都是跟「什麼」有直接關係？

4. 從聖經中我們可以清楚看到，當一些「人意」的作為，是「不屬神」的「犯罪-敗壞」的活動和事件，若是發展到了一種「不可收拾」，或「完全失控」的程度和地步的時候，那麼此時，耶和華神就一定會有什麼樣的反應和作為？

5. 從「**責任與權柄**」的角度，來思考 **摩西** 與<可拉>兩人的差異。

民數記 No.6 妥拉

<律例>篇（פרשת חקת）

本段妥拉摘要：

民數記第六段妥拉，標題<**律例**>，希伯來文(**חֻקַּת**)。

回顧民數記前幾段妥拉，第三段<燃起-上行>篇，以色列百姓因為抱怨沒有肉吃，結果遭到耶和華神的懲罰，神用最重的災殃「擊殺」他們。來到第四段<打發>篇，因著探子報「惡信」，結果使得以色列全營信心崩盤，以色列百姓又開始抱怨、爭鬧，這招來神的降災懲罰：『這些報惡信的人 都遭瘟疫，死在耶和華面前。民 14:37』 接著進入第五段妥拉<可拉>篇，<可拉>的叛亂又給以色列百姓帶來沉重的打擊，民 16:49 提到：『除了因可拉事情死 的以外，遭瘟疫死 的，共有 一萬四千七百人。』

然後就是本段妥拉<**律例**>篇，這個所謂的<**律例**>指的是一個非常特別的「除污-潔淨」的律例，叫做<**紅母牛律例**>，它是專門為著因為沾染「死屍」不潔而被設立的一個特殊<**律例**>。這個 <**紅母牛律例**> 所以在民數記十九章這裡出現，乃是因為，正如前面回顧民數記各段妥拉的「傷亡史」，以色列百姓經歷這麼多的悲劇和災難，全營正處一個瀰漫「死亡」氣息，挨家挨戶都在「守喪」的黑暗時期。

耶和華神為了要讓以色列全營「起死回生」、「谷底反彈」，所以就設立了這個<**紅母牛律例**>，目的是要給以色列全體百姓帶來「脫離死亡」的除污和潔淨。

而<**律例**>篇這段妥拉確實也是民數記中，具有一個「關鍵轉折」角色和地位的一段妥拉經文，因為正當以色列全營狀況「跌盪谷底」的時候，現在，在<**紅母牛律例**>出現後，以色列開始「止跌回升」，而且可以勇敢的，迎接敵人，上場作戰，因此<**律例**>篇這段妥拉最後，就是以三場「勝利」的戰事，結束了這段妥拉。

民數記 No.6 妥拉 <律例> 篇（פרשת חקת）

經文段落:《民數記》19:1 - 22:1
先知書伴讀:《士師記》11:1-33
詩篇伴讀: 95 篇
新約伴讀:《約翰福音》3:10-21, 12:27-50, 19:38-42、《希伯來書》9:11-28

一、 死亡的解藥

民數記第六段妥拉標題<律例>。經文段落從民數記 19 章 1 節到 22 章 1 節。
<律例>這個標題，在民 19:1-2 當中：

『耶和華曉諭摩西、亞倫說：
耶和華命定律法中的一條 律例 乃是這樣說：你要吩咐以色列人，
把一隻沒有殘疾、未曾負軛、純紅的母牛 牽到你這裏來』

וַיְדַבֵּר יְהוָה אֶל-מֹשֶׁה וְאֶל-אַהֲרֹן לֵאמֹר.
זֹאת חֻקַּת הַתּוֹרָה אֲשֶׁר-צִוָּה יְהוָה לֵאמֹר : דַּבֵּר אֶל-בְּנֵי יִשְׂרָאֵל
וְיִקְחוּ אֵלֶיךָ פָרָה אֲדֻמָּה תְּמִימָה אֲשֶׁר אֵין-בָּהּ מוּם אֲשֶׁר לֹא-עָלָה עָלֶיהָ עֹל

這段妥拉的標題: <律例 >（חֻקַּת） 就是希伯來經文民 19:2 的第二個字，這個字
（חֻקַּת） 就是民數記第六段妥拉的標題。

民數記 19 章這裡出現的這個 紅母牛<律例>，乃是為著沾染「死屍」不潔而需
要的一種非常特殊的「除污-潔淨」的流程方式，正如民 19:13-14 所說：

『凡摸了人 死屍、不潔淨自己 的，就 玷污 了耶和華的帳幕，這人必從以色列
中剪除;因為 那除污穢的水 沒有灑在他身上，他就為不潔淨，污穢還在他身上。
人死在帳棚裏 的條例乃是這樣:凡進那帳棚的，和一切在帳棚裏的，都必七天
不潔淨。 』

這個用<紅母牛>的灰 所調作的 除污水，是用來解除沾染「死屍」不潔的，我
們說「解毒劑」或者「解藥」。

若按著妥拉分段的邏輯，和民數記經文發展的脈絡來看，**紅母牛<律例>** 必須要在這個時候出現，因為，在 19 章的前面，以色列全營遭遇太多的悲劇和災難，「**死傷**」無數。

從第三段的<燃起-上行>篇開始，民 11:33-34 提到百姓的抱怨，說想要吃肉，結果肉在他們牙齒之間尚未嚼爛，耶和華的怒氣就向他們發作，用最重的災殃 **擊殺** 了他們。那地方便叫做 **基博羅‧哈他瓦** (就是**貪慾之人的墳墓**)，因為他們在那裏 **葬埋** 那起貪慾之心的人。

再來第四段<打發>篇的「探子」事件、民 14:37 提到：『這些報惡信的人 都**遭瘟疫，死** 在耶和華面前。』

然後以色列百姓不聽摩西的話，擅自離營，想要先行進攻迦南，結果**被擊殺、擊退**、民 14:44-45：『他們卻擅敢上山頂去，然而耶和華的約櫃和摩西沒有出營。於是亞瑪力人和住在那山上的迦南人都下來 **擊打** 他們，把他們 **殺退** 了。』

來到第五段妥拉<可拉>叛亂，民 16:31-35 當摩西最後警告<可拉>叛黨這一群人無效的時候，地就裂開，把他們給吞吃了：『摩西剛說完了這一切話，他們腳下的地就開了口，把他們和他們的家眷，並一切屬可拉的人丁、財物，**都吞下去**。這樣，他們和一切屬他們的，都 **活活地墜落陰間**；地口在他們上頭照舊合閉，他們就 **從會中滅亡**。又有火從耶和華那裏出來，**燒滅了** 那獻香的二百五十個人。』

民 16:49 又說：『除了因可拉事情 **死** 的以外，**遭瘟疫死** 的，共有 **一萬四千七百人**。』

最後，來到本段妥拉<律例>篇當中的「銅蛇」事件，因著以色列又再度「爭鬧-抱怨」沒有糧食吃，沒有水喝，所以又讓耶和華神降災懲罰以色列百姓。民 21:6：『於是耶和華使火蛇進入百姓中間，蛇就咬他們。以色列人中 **死了許多。**』

以上，回顧民數記的以色列百姓的「傷亡史」，營地當中不斷地在「死人」，可以想像，當時全營瀰漫著一股「死亡」的氣息，挨家挨戶的帳篷裡，可能每走幾步，就會看到有帳棚在「守喪」，將死去的親人「停屍」在帳棚裡。

所以，以色列全營在經過低迷的士氣、長久的「哀傷」和不斷「死亡」打擊後，民數記的經文敘事發展到第十九章，才會如此需要<紅母牛>這個特別的<律例>，來做沾染死屍「除污-潔淨」的動作，從屬靈上來說，<紅母牛律例>對以色列百姓而言就是一個死亡的解藥，它讓以色列全營得以能夠「起死回生」，也正好就是在<律例>篇這段妥拉，以色列百姓開始戰勝恐懼，能夠出去打仗，而且是打

勝仗，在「前進迦南-得地為業」的旅程進度上，開始有具體的進展和表現。

二、 紅母牛的預表

一、在尼散月前的一個，特別的安息日:
猶太曆中，在普珥節過後， 和「尼散月」來臨之前，會有一個特別的安息日，叫做「**紅母牛安息日**」，希伯來文叫 (**שַׁבַּת פָּרָה**)。

尼散月，也就是「正月」 這個耶和華神施展「救恩」，發「神蹟」的月份，是以色列百姓「得拯救」，「脫離」罪惡，「死而復生」的的大日子，靈性「被恢復」「重生」的紀念日。

所以，因著尼散月的「意義重大」，猶太人在尼散月前的這一個的安息日，就會「嚴肅審慎」地來作預備，這是為著尼散月，以及「逾越節」的到來作準備，這個為著尼散月和逾越節作預備的特別的安息日，就叫做 <紅母牛安息日>。

二、<紅母牛>的功用:
在以前，猶太人的聖殿還在的時候，祭司和以色列百姓，會在「尼散月-逾越節」來到之前，做好完全「**潔淨-除罪**」的預備動作，好讓他們可以完全地來到耶和華神面前獻祭，獻「逾越節」的祭禮 (民 28:16-31)。而這個完全「潔淨-除罪」的預備動作，就是民 19:1-22 記載的<紅母牛>條例，這一個在妥拉中非常特殊的條例。

<紅母牛條例>，特別指的是沾染「死屍」而定的「除罪-潔淨」的條例。猶太人認為<紅母牛條例>的出現，是要贖以色列百姓造金牛犢的「死罪」，讓以色列再次「靈命復活」。

若是按著民數記妥拉脈絡讀下來，我們看到，在民數記 19 章之前，發生許多次百姓的抱怨、探子報惡信、可拉叛黨、銅蛇事件…以上這些都招來了耶和華神的「降災」懲罰:有火、有瘟疫、有地震，讓許多以色列百姓「死亡」。

因為太多人「**死亡**」，造成以色列全營「**不潔淨**」，每天都在處理「**死屍**」，以色

列全營籠罩在「死亡的靈」當中。因此來到民數記 19 章，<紅母牛條例> 適時地出現，為的是要去除沾染「死屍」的不潔淨和罪。

三、紅母牛條例的「預表」：
是預表彌賽亞耶穌的「潔淨-除罪」，對象包括以色列百姓和全人類。

如果仔細去看 民數記的<紅母牛條例> ，會發現他有著許多和一般獻祭「不同的例外」：

首先、.紅母牛必須要沒有殘疾，此外還要「**純紅、未曾負軛**」，這預表彌賽亞的「**純全無瑕疵**」。哥林多後書 5:21：『上帝使那無罪(不知罪)的，替我們成為罪，好叫我們在他裏面成為上帝的義。』

第二、紅母牛必須要在「**營外**」被宰殺。希伯來書 13:12-13『耶穌要用自己的血叫百姓成聖，也就在「**城門外**」受苦。這樣，我們也當出到「營外」，就了他去，忍受他所受的凌辱。』

第三、在<紅母牛條例>中，「獻祭的祭司」**自己會成為「不潔淨」**。這表示彌賽亞**自己成為不潔，「代替」我們被定罪**。這就是羅馬書 8:3 說的：『耶和華神就差遣自己的兒子，成為「罪身」的形狀，做了贖罪祭，在肉體中定了罪案。』

第四、紅母牛除污穢的水「**使人得潔淨**」。啟示錄 1:5：『那誠實作見證的、從死裏首先復活、為世上君王元首的耶穌彌賽亞，有恩惠、平安歸與你們！ 他愛我們，**用自己的血 使我們脫離 (洗去) 罪惡。**』

四、紅母牛條例的「末後預表」：
猶太人相信，包括保羅自己也相信，在末後的日子，以色列全體，要再經歷一次大規模的「靈性復活」，靈裡的「尼散月-出埃及」、死而復生。

那末後的日子，正如先知耶利米、以西結都曾預言的，**以色列百姓將會被聖靈澆灌、完全除污-除罪，脫離死亡，得蒙拯救。**

這也就是為什麼在 <紅母牛安息日> 的時候，昔日的猶太聖哲們，被耶和華神啟示，要選擇以西結書 36:16-38 這段經文來搭配伴讀。

『我卻顧惜 我的聖名，就是以色列家在所到的列國中所褻瀆的。「所以，你要對以色列家說，主耶和華如此說：以色列家啊，**我行這事** (召聚你們回到列祖之地，讓你重新復活) **不是為你們，乃是為我的聖名**，就是在你們到的列國中所褻瀆的。**我要使 我的大名 顯為聖**；這名在列國中已被褻瀆，就是你們在他們中間所褻瀆的。我在他們眼前，**在你們 (以色列) 身上顯為聖** 的時候，**他們 (列國) 就知道我是耶和華**。這是主耶和華說的。我必從各國收取你們，從列邦聚集你們，引導你們歸回本地。我必用清水灑在你們身上，你們就潔淨了。我要潔淨你們，使你們脫離一切的污穢，棄掉一切的偶像。我也要賜給你們 一個新心，將 新靈 放在你們裏面，又從你們的肉體中除掉石心，賜給你們肉心。我必將 我的靈 放在你們裏面，使你們 順從我的律例，謹守遵行我的典章。』以西結書 36:21-27

保羅在羅馬書 11:25-26 說：
『弟兄們，我不願意你們不知道這奧祕（恐怕你們自以為聰明），就是以色列人有幾分是硬心的，等到外邦人的數目添滿了，於是 以色列全家都要得救。如 經上所記：必有 一位救主 從錫安出來，要消除雅各 (以色列) 家的一切罪惡；又說：我除去他們 (以色列家) 罪的時候，這就是 我與他們「所立的約」。』

『如果把山羊和公牛的血，和 焚燒了的母牛的灰，灑在那些在禮儀上不潔淨的人身上，能夠清除他們的污穢，使他們淨化，那麼，彌賽亞的血所能成就的豈不是更多嗎？藉著那永恆的靈，他把自己當作完整的祭物獻給上帝。他的血要淨化我們的良心，除掉我們的腐敗行為，使我們得以事奉永活的上帝。』希伯來書 9:13-14

三、 出埃及了嗎？

『他們從何珥山起行，往紅海那條路走，要繞過以東地。百姓因這路難行，心中甚是煩躁，就 怨讟 上帝和摩西說：「**你們為甚麼把我們從埃及領出來、使我們死在曠野呢**？這裏沒有糧，沒有水，我們的心厭惡這淡薄的食物。」』民 21:4-5

來到民數記的 21 章，許多學者認為這段經文講述的行程，已經是以色列百姓在曠野漂流的「最後一年」，也就是第四十年，如果學者的推測沒錯的話，那麼我就會感到有些納悶了，怎麼以色列百姓經過了<在曠野>這些年間的考驗和歷練，

靈命似乎還是老樣子，

怎麼一遇到沒水喝、沒東西吃，就開始抱怨，而且抱怨的內容總是，為什麼你摩西要帶領我們以色列人「出埃及」，再來，為什麼摩西、耶和華神要把我們帶到曠野來「送死」？

底下，我們就來作一個以色列百姓<在曠野>抱怨歷史的回顧。

在出埃及記，以色列剛過紅海，進入曠野沒多久，就開始抱怨：『以色列全會眾在曠野向摩西、亞倫發怨言說：「巴不得 我們早死在埃及地、耶和華的手下；那時我們 坐在肉鍋旁邊，吃得飽足。你們將我們 領出來，到這曠野，是要叫這全會眾 都餓死啊！」出埃及記 16:2-3

來到出埃及記 17 章，百姓沒水喝，再度抱怨『百姓在那裏甚渴，要喝水，就向摩西發怨言，說：「你為甚麼將我們從埃及領出來，使我們和我們的兒女並牲畜都渴死呢？」』出埃及記 17:3

來到民數記 11 章，以色列百姓想吃肉，於是又發牢騷抱怨，『他們中間的閒雜人大起貪慾的心；以色列人又 哭號 說：「誰給我們 肉 吃呢？我們記得，在埃及 的時候 不花錢 就 吃魚，也記得有 黃瓜、西瓜、韭菜、蔥、蒜。現在我們的心血枯竭了，除這嗎哪以外，在我們眼前並沒有別的東西。』民 11:4-6

來到探子事件，以色列百姓聽到探子報的「惡信」後，信心崩潰，於是又向摩西、亞倫抱怨，只是這次的抱怨隱含了「叛亂」的因子，因為以色列百姓想要把摩西「拉下來」，另立一個領袖，希望這位新領導可以帶百姓「回埃及」去。民 14:2-3：

『以色列眾人向摩西、亞倫發怨言；全會眾對他們說：「巴不得我們早死在埃及地，或是 死在這曠野。耶和華為甚麼把我們領到那地，使我們倒在刀下呢？我們的妻子和孩子必被擄掠。我們 回埃及去 豈不好嗎？」眾人彼此說：「我們不如 立一個首領 回埃及去吧！」

來到<可拉>篇，<可拉>甚至帶頭-帶領百姓出來叛亂，甚至做出荒謬的指控，因為<可拉>甚至當著摩西和百姓的面前說，埃及才是流奶與蜜之地。民 16:13 可拉對摩西說：『你將我們從 流奶與蜜之地 領上來，要在曠野殺我們，這豈為小事？你還要自立為王轄管我們嗎？』

最後，來到今天分享的<律例>篇，此時已經是以色列百姓在曠野漂流的最後一年，第四十年了，百姓仍然在抱怨，民 20:2-5：

『會眾沒有水喝，就聚集攻擊摩西、亞倫。百姓向摩西爭鬧說：「我們的弟兄曾死在耶和華面前，我們恨不得與他們同死。**你們為何把耶和華的會眾領到這曠野、使我們和牲畜 都死在這裏呢？ 你們為何逼著我們出埃及、領我們到這壞地方呢？** 這地方不好撒種，也沒有無花果樹、葡萄樹、石榴樹，又沒有水喝。」』

從前面我們所讀的這一連串的「百姓抱怨文」，不外乎就是兩句話：

1. 為什麼你摩西要帶領我們以色列人「出埃及」？！
2. 為什麼摩西、耶和華神要把我們帶到曠野來「送死」？！

以色列百姓一遇到困難，總是會把過去在埃及的生活「美化-浪漫化」，說以前在埃及的生活比較好，然後就開始爭鬧抱怨，為什麼會這樣呢？

這是因為 百姓眼界「短淺」，只看到「眼前」的困難，但其實以色列全營當中有神的隨時的「同在、護衛和供應」，有會幕在其中，會幕的上頭還有耶和華神「榮耀的雲彩」在帶領，白天有雲柱、晚上有火柱，天天吃著天上降下來的神奇嗎哪，怎麼這些以色列百姓都好像「沒有看到」呢？

出埃及，過紅海，以色列百姓在曠野漂流四十年了，是不是還是有些人，其實只是 肉體出埃及，但是靈裡卻還「沒有」出埃及？

四、「銅蛇事件」與彌賽亞

『摩西便製造一條 銅-蛇，掛在杆子上；
凡被蛇咬的，一望這 銅-蛇 就活了。』民 21:9

וַיַּעַשׂ מֹשֶׁה **נְחַשׁ נְחֹשֶׁת** וַיְשִׂמֵהוּ עַל-הַנֵּס
וְהָיָה אִם-נָשַׁךְ הַנָּחָשׁ אֶת-אִישׁ וְהִבִּיט אֶל-**נְחַשׁ הַנְּחֹשֶׁת** וָחָי

前面民數記 21:9 的經文中，我們看到，「銅蛇」的希伯來文叫(**נְחַשׁ נְחֹשֶׁת**)，注意到這兩個字「**銅-蛇**」都有一個共同的字根 (נ,ח,שׁ)

蛇 (נָחָשׁ) 讀音 Nahash.

銅 (נְחֹשֶׁת) 讀音 Nehoshet.

魔法 (נִחוּשׁ) 讀音 Nihush.

這三個字，都可以看到有這三個字母(נ,ח,שׁ) 的字根 在當中。

首先、

蛇 (נָחָשׁ) 這個字還可以拆成兩個字: (נח+שׁ)

休息 (נָח)，讀音 Nach.

迅速 (חָשׁ)，讀音 Hash.

創世記描述，蛇是一切活物當中「最狡猾」。牠平時看似安靜，不動聲色，好像「休息」(נָח) 一般，但在獵物毫不設防的情況下，就被蛇「迅速」(חָשׁ) 攻擊致死。

這就是蛇的「詭詐-欺騙」，也因著蛇本性的「引誘和狡猾」，讓亞當和夏娃犯了罪。從希伯來文的「蛇」(נָחָשׁ) 這個字本身，我們就已經看出蛇「奸詐狡猾」的性格

第二、銅 (נְחֹשֶׁת) 也有著像蛇一般的「魅惑-奸詐」。因為銅的「外觀和顏色」，看起來會讓人「誤以為、錯認為」是:金。所以銅，被稱為 Fool's Gold. 會「欺騙、愚弄」人的一種礦物。

銅，就像蛇一樣，具有一種「誤導」人或會「讓人犯錯」的引誘性。

第三、巫術、魔法 (נִחוּשׁ)。魔術表演，正是基於一種「表象的欺騙」，讓人信以為真。再來，古時的人，經常會透過施展巫術，來取得超自然力量，以達到對他人的控制。巫術、法術的出現，乃是基於一種對自然秩序的「不信任」及對自身的「不滿足」所產生的，因此，才需要透過巫術和魔法的手段來達成最終目的。

民數記 21:4-8 所記載的這一段「銅蛇事件」的經文是在講述:以色列百姓埋怨神和摩西，說他們在曠野沒有糧食吃，沒有水喝，心中厭倦「這淡薄的食物」(嗎哪)，於是，耶和華神降災，使火蛇進入百姓中，並咬死他們。百姓哀求，最後神就吩咐摩西，叫他造一個「銅-蛇」(נְחַשׁ נְחֹשֶׁת)，凡被蛇咬的，望這「銅-蛇」就活了。

耶和華神吩咐摩西造一個「銅-蛇」有很深刻的涵義:

首先、兩種都具有「欺騙」性格的東西:「銅-蛇」被放在一起,具有一種「雙重狡詐」的象徵。這是要「告誡」以色列民,當初你們的先祖,就是因為「不信靠」耶和華神,「不滿足」於我耶和華神,因此被蛇「欺騙-誘惑」而得罪上帝。

所以,當以色列百姓抬頭仰望「銅-蛇」時,他們便會想起先祖「犯罪」,從而警惕自己,正如他們現在「不滿足」於上帝所賞賜給他們夠用的飲食,而抱怨、得罪神。

另外,仰望「銅-蛇」,其實就是仰望「自己的罪」,看到自己犯罪的緣由和後果。

再來、因著以色列百姓的「欲求不滿」,想起在埃及時吃的豐盛美食和大魚大肉,於是,怨讟神。神就透過一種「類似法術」的辦法: 仰望「銅-蛇」來機會教育祂的百姓。目的要說明: 你們雖是仰望這「銅-蛇」,最終仍然是在仰望「我耶和華神」。

耶和華神沒有因為以色列百姓的「不滿足、抱怨」,而給他們色香味俱全的魚肉,他們仍然吃著「淡薄的嗎哪」,但以色列民卻「想盡辦法」(魔法) 要「變出-找出」美食,可是怎麼變也變不出來,於是就威脅摩西要他帶領百姓「回埃及」。

耶和華神所供應的其實都是夠用的,只因百姓想滿足「肉體的慾望」,而不信靠順服神。所以耶和華神透過讓以色列民望著「銅-蛇」,使他們思想「自己的罪、悖逆-不義」。

約翰福音 3:14-15、12:32 耶穌說:

> 『摩西在曠野怎樣 **舉蛇**,人子 也必照樣 **被舉起來**,
> 叫一切信祂的都得永生。
> 我若從地上 **被舉起來**,就要吸引萬人來歸我。』

摩西造「銅-蛇」,以色列百姓要來仰望這條「**被舉起來的蛇**」,其實是一個先知性、預言性的活動,因為將來猶太子民要仰望的,就是這位從地上「**被舉起來的彌賽亞**」,人子被立在十字架上。

正如以色列百姓仰望「銅-蛇」會得醫治,在信靠、仰賴這位被十架立起來的彌賽亞:耶穌的同時,「看到」自己的罪惡「被釘死-掛起來」,然後悔改,就得著救贖。

因為，身為彌賽亞 這位拯救醫治者的耶穌，祂「背負」了全人類的「**罪惡**」(就如同「**蛇**」所象徵的)，被立在十字架上，釘死「這罪惡」。所以可以更激進一點的來說，**耶穌就是一個 (肩負全宇宙罪惡) 十惡不赦的 (無) 罪人。**

就正如羅馬書 8:3 所說的： 耶穌取了 **有罪的肉身**。

事實上，在當時的猶太宗教領袖眼中，耶穌澈底就是「一條邪惡的蛇」，祂膽敢在文士、法利賽人和祭司長面前默認，甚至宣稱: 祂自己就是彌賽亞，這樣干犯「褻瀆」耶和華神的罪，絕對不可赦免。因此，他們讓彼拉多用了羅馬人最羞辱的極刑，將這位自稱是彌賽亞的耶穌，「掛在十字架」上....也就是在這些猶太宗教權利機構的人士眼中，將這條萬惡不赦的蛇，釘死。

這裡，我們也就可以對照耶穌對那些法利賽人和撒督該人所說的，馬太福音 23:33：
　　　『你們這些 **蛇類、毒蛇** 之種啊，怎能逃脫地獄的刑罰呢？』

是的，這個在文士、法利賽人和祭司長眼中，宣稱自己是彌賽亞、干犯褻瀆神的大罪人:耶穌，**被立起來/舉起來以後**，卻有萬民歸向祂，仰望祂，敬拜祂，並且帶來生命的醫治和更新。

五、 不求戰，不畏戰

在民數記二十一章之前的經文敘事內容，以色列百姓自從「探子事件」開始，中間經歷可拉<叛亂>，再來到<律例>篇這段妥拉，還發生「銅蛇」事件，期間經歷許多的紛爭、喧鬧、撕裂、傷痛、哀傷，甚至死亡，到了民數記二十章，米利暗和亞倫也相繼過世，可以想見，以色列全營此時正陷入 **最黑暗、最低迷、最艱困** 的時期。

但百姓卻很快的振作起來，因為接下來，到了民數記 21 章，以色列和外敵接連發生三次戰爭，而且三次的戰事，以色列人都打勝仗。

只是在這三次的戰事當中，可以清楚看到一個共通點，那就是，以色列人其實並「不是」主動要挑起爭端，發動攻擊的人，他們往往都是「受害者」，被攻擊的

那一方，被攻擊到必須要採取「自我防衛」的時候才會和敵人「被迫」交戰。

首先，和 亞拉得 的交戰，是因為亞拉得王，聽說以色列人準備路過邊境，居然就先攻擊以色列人，還擄了他們幾個人，民 21:1-3：

『住南地的迦南人亞拉得王，聽說 以色列人從亞他林路來，就和以色列人爭戰，擄了他們幾個人。以色列人向耶和華發願說：「你若將這民交付我手，我就把他們的城邑盡行毀滅。」耶和華應允了以色列人，把迦南人交付他們，他們就把迦南人和迦南人的城邑盡行毀滅。那地方的名便叫 何珥瑪(毀滅之意)。』

再來，第二場戰事，對上了 亞摩利人的王西宏，民 21:21-22 先是提到：

『以色列人差遣使者去見亞摩利人的王西宏，說：求你容我們從你的地經過；我們不偏入田間和葡萄園，也不喝井裏的水，只走大道(王道)，直到過了你的境界。』

但結果，以色列百姓得到的回答卻是亞摩利王西宏的「強硬拒絕」，而且還要對以色列人發動攻擊，民 21:23：

『西宏不容 以色列人從他的境界經過，就招聚他的眾民出到曠野，要攻擊以色列人，到了雅雜與以色列人爭戰。』

「不求戰」的以色列百姓，此時面對西宏的軍事威脅，以色列也「不畏戰」，於是民 21:24-25 接著就記載：

『以色列人用刀殺了他(西宏)，得了他的地，從亞嫩河到雅博河，直到亞捫人的境界，因為亞捫人的境界多有堅壘。以色列人奪取這一切的城邑，也住亞摩利人的城邑，就是希實本與希實本的一切鄉村。』

最後，民數記 21 提到的最後一場戰事，是以色列百姓和 巴珊王噩 的戰爭，一樣是巴珊王噩，先對以色列發動攻擊，民 21:33：

『以色列人轉回，向巴珊去。巴珊王噩和他的眾民都出來，在以得來與他們 (以色列) 交戰。』

然後，民 21:34：

『耶和華對摩西說：「不要怕他 (巴珊王噩)！因我已將他和他的眾民，並他的地，都交在你手中；你要待他像從前待住希實本的亞摩利王西宏一般。」』

結果以色列「大獲全勝」，就是 21 章最後一節記載的，民 21:35：

『於是他們殺了他和他的眾子，並他的眾民，沒有留下一個，就得了他的地。』

就這樣，<**律例**>篇這段妥拉的經文結尾，最後是結束在「**三戰全勝**」的高昂氣勢和「無畏勇敢」的戰鬥之姿，繼續向最後的目標:迦南地繼續挺進，只是等在他們前頭的，仍然是一場又一場的硬仗。

問題與討論：

1. 本段妥拉標題為<律例>，這個<律例>指的是一個特別的<律例>叫「**紅母牛律例**」，按著妥拉分段的邏輯，和民數記經文發展的脈絡來看，為什麼來到民數記第六段妥拉會出現「**紅母牛**」這樣特別的<律例>，這個<律例的「功能和作用」是什麼？

2. **紅母牛** 這個非常特別的<律例>是在「預表」什麼？

3. 來到<律例>篇的民數記的 21 章，許多學者認為這段經文講述的行程，已經是以色列百姓<在曠野>漂流的「最後一年」，也就是第四十年，但從以色列百姓<在曠野>最常講的兩句話來看，就是：第一、為什麼你摩西要帶領我們以色列人「出埃及」。第二、為什麼摩西、耶和華神要把我們帶到曠野來「送死」？你覺得以色列人真的「**出埃及了嗎**」？

4. 「**銅蛇事件**」民數記 21:4-9 這段經文背後的寓意是在講什麼？ 再來，銅蛇事件和耶穌有何關聯？

5. 在民數記二十一章之前的經文敘事，以色列百姓經歷許多的紛爭、喧鬧、撕裂、傷痛、哀傷，甚至死亡，到了民數記第二十章還提到米利暗和亞倫的相繼過世，以色列全營此時正陷入最黑暗、最低迷、最艱困的時期，但百姓卻很快振作起來，因為接下來到了民數記 21 章，以色列和外敵接連發生三次戰爭，在這三次的戰事裡可以清楚看到一個共通點，是什麼？ 這同時也是我們在面對仇敵應該有的作為和態度。

民數記 No.7 妥拉

<巴勒>篇（פרשת בלק）

本段妥拉摘要:

民數記第七段妥拉，標題<巴勒>，希伯來文(בָּלָק)。這段妥拉標題之所以是以這位摩押王的名字<巴勒>來命名，乃是因為這位外邦的王，想用「靈界-屬靈」的勢力來「摧毀」以色列，所以<巴勒>去找了當時中東最厲害的術士:巴蘭，要來咒詛以色列，結果咒詛不成，反而說出了許多「祝福」的話。

從巴蘭「咒詛」以色列，結果最後變成「祝福」的這件事，可以清楚看到，在以色列「回歸」迦南應許地的路途上，若遭遇到任何攔阻，或遭逢最大的「敵對-攻擊」勢力時，耶和華神都會「強行介入」，全力「護衛-保守」以色列。

在希伯來聖經的其他書卷中,都一再地銘記這樣的事情,譬如 申命記 23:4-5:『因為你們出埃及的時候,他們沒有拿食物和水在路上迎接你們,又因他們雇了美索不達米亞的毗奪人比珥的兒子 巴蘭 來咒詛你們。然而**耶和華－你的上帝 不肯聽從 巴蘭**,卻使那咒詛的言語 變為祝福的話,因為 耶和華－你的上帝愛你。』

『那時,摩押王西撥的兒子 <巴勒> 起來攻擊以色列人,打發人召了比珥的兒子 巴蘭 來咒詛你們。**我 (耶和華) 不肯聽巴蘭的話,所以他倒為你們 連連祝福。這樣,我便救你們脫離 <巴勒> 的手。**』約書亞 24:9-10

『因為他們沒有拿食物和水來迎接以色列人,且雇了 巴蘭 咒詛 他們,但 **我們的上帝 (耶和華)使那咒詛變為祝福。**』尼希米記 13:2

<巴勒>篇這段妥拉,最最重要的就是,耶和華神透過巴蘭的口,鉅細靡遺地說出了,以色列 在列國中 所具有的一個「獨特」的使命、位置和角色。

民數記 No.7 妥拉 <巴勒> 篇（פרשת בלק）

經文段落:《民數記》22:2 - 25:9
先知書伴讀:《彌迦書》5:7 - 6:8
詩篇伴讀: 79 篇
新約伴讀:《馬太福音》21:1-11、《羅馬書》11:25-32、《彼得後書》2 章、《猶大書》1:11、《啟示錄》2:14

一、「靈界的」戰爭

民數記第七段妥拉標題<巴勒>。經文段落從民數記 22 章 2 節到 25 章 9 節。
<巴勒>這個標題，在民 22:2-3 當中：

『以色列人向亞摩利人所行的一切事，西撥的兒子 巴勒 都看見了。
摩押人因以色列民甚多，就大大懼怕，心內憂急，』

וַיַּרְא בָּלָק בֶּן-צִפּוֹר אֵת כָּל-אֲשֶׁר-עָשָׂה יִשְׂרָאֵל לָאֱמֹרִי.
וַיָּגָר מוֹאָב מִפְּנֵי הָעָם מְאֹד כִּי רַב-הוּא וַיָּקָץ מוֹאָב מִפְּנֵי בְּנֵי יִשְׂרָאֵל

這段妥拉的標題: <巴勒 > (בָּלָק) 就是希伯來經文民 22:2 的第二個字，這個字
(בָּלָק) 就是民數記第七段妥拉的標題。

這一段妥拉之所以命名為<巴勒>，以這位「摩押王的名字」來當作這段經文的
標題，這是因為<巴勒>找來當時中東最厲害的一位「術士」，準備要來「咒詛」
以色列。

此時，以色列百姓在約旦河東岸，預備要過約旦河進迦南地，但現在所遭遇到的
可說是在曠野中所遭逢到「**最大的、最險惡的**」攔阻和敵對勢力，也就是摩押
王<巴勒>和他所找來的這位，法術「最厲害」的先知:**巴蘭**，要來「咒詛以色列」

因為就正如摩押王<巴勒>自己說的，民 22:6：
『這民比我強盛，**現在 求你來 為我咒詛他們**，或者 我能得勝，攻打他們，趕
出此地。因為我知道，你為誰祝福，誰就得福；**你咒詛誰，誰就受咒詛**。』

綜覽<巴勒>這一段妥拉，可以歸結出三個重點：

首先、論到以色列，不論是古時的以色列、以至於到了現在的以色列，其實情況都沒有太大改變，以色列只要是「進入-回到-回歸」到這塊應許之地：也就是「以色列地」，那麼以色列就肯定會遭遇到「敵對」勢力，而且是近乎「全面性」的反以色列勢力。

稍微回顧一下，以色列「出埃及-過紅海」前後所遭遇到「所有的」敵對勢力，這當中有：法老所代表的埃及帝國、亞瑪力人，還有在上段妥拉提到的以東人、迦南人亞拉得王、亞摩利人的王西宏、巴珊王噩，他們 **全部都不肯 讓以色列人過境，甚至還主動要攻擊以色列人。**

可以說，在以色列人出埃及，曠野漂流，進入迦南-得地為業的一整個「回歸-上行」的路程中，前頭所遇到的異邦異族，幾乎都成了以色列的敵人。

第二、以色列所遭遇到的敵對勢力，其實不只是表面上我們看到的，是一場又一場的「物質-軍事」的戰爭，**這些戰爭的背後，本質上乃是一場「靈界勢力」的戰爭。**<巴勒>篇這段妥拉正好就是要來透顯這個事實。一個世俗、政治勢力的王<巴勒>，他想要透過懂得操作「靈界力量」的術士巴蘭來「咒詛」以色列，也就是，要動用「靈界的超自然」力量來擊潰以色列。

如果以前的世俗政治勢力，曾經用過靈界的勢力想要來摧毀以色列，那麼 21 世紀的今天，還有沒有想要「咒詛以色列」的巴蘭這樣的靈界勢力和政治勢力？

第三、這段妥拉，耶和華神也正是透過巴蘭這位外邦的術士，說出四次關於「以色列」的神諭、預言。

這些神諭和預言很清楚地，**把以色列在列國中「獨一無二」的角色和地位，鉅細靡遺地給描繪出來。**不論是古時、當代、甚至未來，任何關於「以色列身分」的「本質性」問題，在<巴勒>篇這段妥拉都提供一個永恆性的答覆，而且答案直接來自耶和華神，但諷刺的是，這個答案居然是透過一個「敵對/反」以色列的先知:巴蘭的口說出的。

<巴勒>這段妥拉，猶太先賢搭配 詩篇 79 篇來伴讀，這篇詩篇的內容和<巴勒>這段妥拉的主題「相互輝映」，一起來讀下面這幾節經文，詩篇 79：

9 拯救我們的上帝啊，求祢因祢名的榮耀 幫助我們 (以色列)！
為祢名的緣故 搭救我們，赦免我們的罪。

10 為何容外邦人說「他們的上帝在哪裏」呢？
願祢使外邦人知道 祢在我們 (以色列) 眼前
伸祢僕人 (以色列) 流血的冤。

11 願被囚之人的歎息達到祢面前；
願祢按祢的大能力存留那些將要死的人。

12 主啊，願祢將我們鄰邦所羞辱祢的羞辱
加七倍歸到他們身上。

13 這樣，祢的民 (以色列)，祢草場的羊，
要稱謝祢，直到永遠；
要述說讚美祢的話，直到萬代。

וַאֲנַחְנוּ עַמְּךָ וְצֹאן מַרְעִיתֶךָ
נוֹדֶה לְּךָ לְעוֹלָם
לְדוֹר וָדֹר נְסַפֵּר תְּהִלָּתֶךָ

二、「反以」的原型

民 22:5-6，摩押王<巴勒>對巴蘭這樣說到：『有一宗民 **從埃及出來，遮滿地面，
與我對居。這民比我強盛，現在求你來為我 咒詛他們。或者我能得勝，攻打他
們，趕出此地。**』

從整本摩西五經(妥拉) 來看，以色列先祖「被迫害」的歷史，首先被提及的是
在<後代>篇，創世記 26 章記載 以撒一家被非利士人迫害，創世記 26:12-14：

『以撒在那地耕種，那一年有百倍的收成。**耶和華賜福給他，他就 昌大，日增
月盛，成了大富戶。他有羊群牛群，又有許多僕人，非利士人就嫉妒他。**』

然後，正如經文描述的，非利士人把以撒所有的水井全部塞住，並且填土。在曠
野-沙漠的環境中，沒有固定水源，等於無法生存，非利士人的舉動無異於是要
『**置以撒一家於死地**』，此外，亞比米勒王還要把以撒「趕出」本國。

以撒的這樣遭遇，成為後來猶太血淚民族史的一個「先兆」，<後代>篇這段妥拉「預先展示」日後迫害以撒的<後代>，也就是「反以-反猶」的一個「原型」，那就是:當猶太人「發達、強盛」時，常會遭來周邊民族的『猜疑、忌妒、排擠、憎恨、甚至迫害及殺戮』，並且後來的列國，會把猶太人像皮球一樣，踢來踢去、趕散驅逐。就如亞伯拉罕 (好像代表著..他身後所有的後代子孫，所預先明示) 說明的:

『我 (這個希伯來人) 在你們 (列國) 當中是: 外人，是寄居的。』

以色列百姓/猶太人，除非是生活在應許之地 (以色列地)，否則他們在任何地方都會被當地人看作是「外人」，是「寄居者」。即便猶太人已經「回歸」，回到這塊「應許」之地，列國還是指責以色列: 你們不是本地人，因為這塊地上面已經世居好幾個世代的阿拉伯人，你們猶太人是外來的「外人」，是入侵者。

來到出埃及記，第一段妥拉<名字>篇，同樣記載希伯來人因著當年約瑟當宰相的緣故，在埃及的最肥沃的歌珊地『置了產業，並且 生育甚多』，結果引起新任法老，及埃及人的「忌妒和猜疑」，出埃及記 1:8-10:

『有不認識約瑟的新王起來，治理埃及，對他的百姓說:「看哪，這以色列民比我們還多，又比我們強盛。來吧，我們不如 用巧計待他們，恐怕他們多起來，日後若遇甚麼爭戰的事，就連合我們的仇敵攻擊我們，離開這地去了。」』

就這樣，法老遂展開了一連串「奴役、迫害，到最後是「鼓動」全埃及的「反以」色列行動，出埃及記 1:22:

『法老吩咐他的眾民 (全埃及帝國的公民和百姓) 說:
「以色列人所生的男孩，你們都要丟在河裏;」』

時序再來到波斯帝國的亞哈隨魯王，以斯帖記 3:8:

『哈曼對亞哈隨魯王說:「有一種民，散居 在王國各省的民中;他們的律例 與萬民的律例 不同，也不守王的律例，所以容留他們與王無益。』

猶太人的「特立獨行、與眾不同」被哈曼拿來建言: 消滅猶太人，作為「種族屠殺」的一個「正當理由」。

才距今不久，20 世紀慘絕人寰的納粹「集中營、死亡營」的 種族滅絕，同樣是由一個大張旗鼓的帝國，要動用一整個國家機器和所有人力、資源，為的就是要來「完全消滅」猶太人。

然而，當以色列民/猶太人 遭遇到「滅種、滅族」的危機和厄運時，經文又是怎麼記載 (後續) 的:

1. 首先、當以撒被非利士人的迫害、趕逐時，創世記 26 章後半，講到以撒繼續可以挖到水井，並且耶和華神向這位「以色列」的先祖:以撒 顯現說:『我是你父親亞伯拉罕的上帝，**不要懼怕！因為我與你同在**，**要賜福給你**，並要為我僕人亞伯拉罕的緣故，**使你的後裔繁多**。創 24:23』，接著創 26:28 提到非利士人說:『我們 **明明地看見，耶和華與你同在。**』

2. 出埃及記開篇，第一段妥拉<名字>篇，法老的迫害、奴役、殺戮以色列百姓的邪惡作為，後來一樣是 耶和華神「強力介入」，耶和華神透過 十災，要來「**恢復**」以色列百姓的 <名字-身分>，就是:以色列作為耶和華神的「**兒子-長子**」的身分，同時也向世人來證明一件事: **當以色列「遭難」的時候，這位和以色列先祖曾經「立約」的耶和華神會「守約」並「全力搶救」以色列**。耶和華神不僅和埃及帝國，也和將來那要來消滅以色列和耶路撒冷的列國征戰。

3. 以斯帖記的結局是: 耶和華神透過末底改、皇后以斯帖，使得波斯帝國各省的猶太人「得救」，以斯帖記 8:15-17:『**猶大人有光榮，歡喜快樂而得尊貴**。王的諭旨所到的各省各城，**猶大人都歡喜快樂，設擺筵宴**，以那日為吉日。那國的人民，有許多因懼怕猶大人，就入了猶大籍。末底改穿著藍色白色的朝服，頭戴大金冠冕，又穿紫色細麻布的外袍，從王面前出來;書珊城的人民都歡呼快樂。』這個景象，似乎在預告，未來的彌賽亞國度。

4. 德國納粹 1945 年戰敗後，宇宙背後「那隻看不見的手」，似乎又「**進來運作-介入到**」人類歷史中，因為 3 年後的 1948 年，這個才剛經歷過「種族滅絕和死亡厄運」的以色列，在流亡 2000 年之後，竟然奇蹟似地重建國土和回歸家園。以色列的復國，似乎「對應」著彌賽亞:耶穌「被釘死」埋葬在土裡，**3 天後復活**一般。

按著這個 (在妥拉<後代篇>就已經呈現的「被迫害」的歷史原型) 的邏輯順下來，就可以很清楚地理解，撒迦利亞書特別是 14 章的預言: 末後的日子，列國，要與作為以色列的首都的耶路撒冷征戰。末後的日子，列國會傾全力做的一件事: **消滅以色列、分割耶路撒冷。**

那日子，當列國『**踩到耶和華神的底線**』，就像當年埃及帝國的法老所做的一樣，這時候，耶和華神會「**強行介入**」到人類歷史中。

回到<巴勒>篇這段妥拉，我們看到，耶和華神是如何來「**全面攔阻**」這股「反以

色列」、「咒詛以色列」的不論是來自政治的、或靈界的勢力。耶和華神「全力護航」以色列，讓他們在最後「前進迦南-得地為業」的路上得蒙耶和華神的「保守和拯救」。

最後，以民 22:12 這節經文，來作為這一段小結：

上帝對巴蘭說：
「你不可同他們去，也不可咒詛那民，
因為 那民是蒙福的。」

וַיֹּאמֶר אֱלֹהִים אֶל-בִּלְעָם
לֹא תֵלֵךְ עִמָּהֶם לֹא תָאֹר אֶת-הָעָם
כִּי בָרוּךְ הוּא

三、 巴蘭與驢

在<巴勒>篇這段妥拉中，最耐人尋味的一段經文，就是 民數記 21:22-35 節，巴蘭和他的驢「彼此爭執」的敘事，這個爭執起因於巴蘭的驢「看到了」耶和華神的使者檔在路中央，而巴蘭卻「沒有看到」，巴蘭就以為他的驢懶惰了，不想繼續走，於是就毆打他的驢，就是民 22:27 記載的：

『**驢看見** 耶和華的使者，就臥在巴蘭底下，巴蘭發怒，用杖打驢。』

驢被巴蘭無故的毆打後，接下來的經文就更令人訝異，因為耶和華神竟然開了驢的口，民 22:28-30：『 **耶和華 叫驢開口**，對巴蘭說：「我向你行了甚麼，你竟打我這三次呢？」巴蘭對驢說：「因為你戲弄我，我恨不能手中有刀，把你殺了。」驢對巴蘭說：「我不是你從小時直到今日所騎的驢嗎？ 我素常向你這樣行過嗎？」巴蘭說：「沒有。」』

最後，當耶和華神也「開了」巴蘭的眼睛，讓巴蘭「也看到」耶和華的使者之後，巴蘭這才恍然大悟，**原來 驢才是對的**，因為耶和華的使者真的檔在路上，而這位名聞遐邇的大先知 **巴蘭卻「看不到」**耶和華的使者。

所以，耶和華神的使者這樣責問巴蘭：

> 『你為何這三次打你的驢呢？
> 我出來 **敵擋你** (把你當撒旦-敵人)，
> 因你所行的，**在我面前偏僻** (行事敵對我)。』民 22:32

這句責問的話，說得非常的重，如果來看希伯來文感覺就會比較深刻，民數記 22:32：

עַל-מָה הִכִּיתָ אֶת-אֲתֹנְךָ זֶה שָׁלוֹשׁ רְגָלִים
הִנֵּה אָנֹכִי יָצָאתִי לְשָׂטָן
כִּי-יָרַט הַדֶּרֶךְ לְנֶגְדִּי

和合本翻的「**我出來敵擋你**」，希伯來文是 (**יָצָאתִי לְשָׂטָן**)，直接翻譯就是：**我出來是把你當「撒旦-敵人」來敵擋你**，因為你巴蘭所行的，在我面前偏僻，這個「在我面前偏僻」希伯來文(**יָרַט הַדֶּרֶךְ לְנֶגְדִּי**)，直接的翻譯就是：**他魯莽地行事走了這條「敵對」我的路**。

在聽到耶和華的使者，這樣強烈的責備後，巴蘭這才知罪、認罪，民 22:34：『巴蘭對耶和華的使者說：「**我有罪了**。我不知道你站在路上阻擋我；你若不喜歡我去，我就轉回。」』

巴蘭雖認罪，但卻 **沒有悔改**，因為巴蘭後來還是去了摩押王巴勒那裡，嘗試「想要咒詛」以色列，但是都被耶和華神「強行制止」，巴蘭的口被迫必須說出祝福以色列的話。

雖然巴蘭「咒詛不成」，但是在他臨走前，還是告訴巴勒王一個「陷害」以色列的「計謀」，就是利用摩押女子和米甸女子的美色，來勾引以色列百姓「犯罪」、犯姦淫和拜偶像，這就是民數記 25 章所講述的事情。

來到民數記 31 章，經文就告訴我們，以色列百姓在什亭「犯姦淫」的原委，原來就是巴蘭的計謀，民 31:16：

『這些婦女因 **巴蘭的計謀**，叫以色列人在毗珥的事上得罪耶和華，以致耶和華的會眾遭遇瘟疫。』

回到<巴勒>篇這段妥拉的一開始，其實巴蘭第一時間，早就知道，他「不能夠」答應<巴勒>王「去咒詛」以色列，理由很簡單，因為以色列是耶和華神手中「寶貴的工作」、列國中「特別的器皿」，以色列是耶和華「神的長子」、是人類「救

贖歷史」的運作軟體，所以耶和華神對巴蘭說：

> 「你不可同他們去，也不可咒詛那民，
> 因為 那民是蒙福的。」民 22:12

但是，巴蘭卻「為利所誘」，為了<巴勒>王所「供奉的重金」，為了「自己的利益和好處」，巴蘭不惜**違抗-悖逆**耶和華神的旨意和計畫，決意要去<巴勒>王那裡，「試圖咒詛」以色列。

其實從這個角度來說，巴蘭不像個先知，反而更像是一位「**受雇用**」的職業殺手，是有「合約在身」的殺手，巴蘭所做的，就是照著他的雇主:摩押王<巴勒>所指使的，要去「咒詛-傷害」，甚至「毀滅」以色列。

所以，當巴蘭動身，準備起行，要去到<巴勒>王那裡的時候，耶和華神知道巴蘭早已下定主意要來做這個「咒詛-傷害」以色列的 這樁生意，因此，耶和華神非常的生氣憤怒。民 22:22：

> 『上帝 因他去 就發了怒；
> 耶和華的使者站在路上敵擋他。』

> וַיִּחַר-אַף אֱלֹהִים כִּי-הוֹלֵךְ הוּא
> וַיִּתְיַצֵּב מַלְאַךְ יְהוָה בַּדֶּרֶךְ לְשָׂטָן לוֹ

民 22:22 接下來的經文開展，就是前文一開始就提及的「巴蘭與驢」的敘事，經文刻意用「一頭驢」，來和這位 中東最厲害的術士、先知，也就是巴蘭來做一個強烈的對比，用意很清楚，

那就是，一個先知，如果沒有按照「神的心意」而行，並且宣講出「神的話和真理」，那就算這位大先知多麼有「恩膏」，多麼有「恩賜」，多麼有「能力」、多麼有「個人魅力」，這位所謂的「大先知」在耶和華神眼中，是連一頭驢都不如的。

因為真正的先知，是不求自己益處，只求關乎百姓的好處，是急公好義的，是為「**真理、公義**」火熱，最重要的是，真先知只說神要他說的話，做神要他做的事，真先知知道自己不過是神的「**器皿和管道**」。

四、 巴蘭的臭名

巴蘭作為一位當時中東世界遠近馳名的先知、術士，應該是眾所皆知的事情，因為民 22:5-6 記載：

『摩押王巴勒差遣使者往大河邊的毗奪去，到比珥的兒子 **巴蘭** 本鄉那裏，召巴**蘭** 來，說：「有一宗民從埃及出來，遮滿地面，與我對居。這民比我強盛，現在求你來為我咒詛他們，或者我能得勝，攻打他們，趕出此地。因為 **我知道，你為誰祝福，誰就得福；你咒詛誰，誰就受咒詛。**」』

民 22:6 的經文清楚的告訴我們，摩押王<巴勒>知道巴蘭有駕馭「靈界、超自然」的能力，也有預測未來，得知「啟示和奧秘」的特殊恩賜。

事實上，巴蘭這位所謂的先知，在猶太人的解經傳統裡，是一位能和摩西相提並論的先知，因為這兩個人「獲得啟示」的方式，都是藉由耶和華神「直接說話」的方式來溝通的。

也正如<巴勒>篇這段妥拉的經文所顯示的，**耶和華神的確常常和 巴蘭「直接說話」**，也就是說，巴蘭這位外邦先知，是一位被耶和華神「看重-使用」的先知，所以耶和華神會主動向巴蘭顯現，並告訴他一些重要的信息。

或許，在巴蘭咒詛以色列這件事發生之前，巴蘭很有可能就是一個被耶和華神倚重的「外邦先知」，他聲名遠播，巴蘭作為一位大先知的「**屬靈恩賜-能力**」也是大家都知曉的，所以摩押王<巴勒>才會千里迢迢地去找巴蘭。

<巴勒>王「重金禮聘」巴蘭，要巴蘭來一趟摩押地，來「咒詛」以色列，但耶和華神「強烈制止」巴蘭，所以，『上帝對巴蘭說：「**你不可同他們去，也不可咒詛那民，因為 那民是蒙福的。**」巴蘭早晨起來，對巴勒的使臣說：「你們回本地去吧，因為 **耶和華「不容」我和你們同去。**」民 22:12-13』

但耶和華神至終還是攔不住「貪婪的巴蘭」，巴蘭最後還是為了錢、為了「自己的利益」冒險地去了，因為巴蘭這次想要「利用」他先知的超自然-屬靈的「恩賜和能力」來大賺一票，只不過，耶和華神還是耳提面命地告訴巴蘭說：『只准說我耶和華神要你說的話』，所以 22 章的經文，三次提到這件事：

『當夜，上帝臨到巴蘭那裏，說：「這些人若來召你，你就起來同他們去，
你只要遵行我對你所說的話。」』民 22:20

『耶和華的使者對巴蘭說：「你同這些人去吧！
你只要說我對你說的話。」』民 22:35

『巴蘭說：「我已經到你這裏來了！現在我豈能擅自說甚麼呢？
上帝將甚麼話傳給我，我就說甚麼。」』民 22:38

耶和華神雖然在一開始就已清楚地告訴巴蘭說：『不可同他們去，也不可咒詛以
色列民，因為以色列民是蒙福的。』

但巴蘭還是去到摩押王<巴勒>那裏，儘管巴蘭到了摩押，試圖咒詛以色列，但卻
沒有咒詛成功，可是，在巴蘭要離去之前，卻向<巴勒>王獻計要用「美人計」，
也就是用摩押女子和米甸女子來「引誘」以色列百姓「犯罪、跌倒」，結果這一
設計奏效，成功地傷害到以色列百姓。

再回到前文一開始說的，也許巴蘭一開始是作為一個耶和華神所倚重和使用的
「外邦先知」，但自從先知巴蘭被摩押王<巴勒>用金銀財寶「利誘」，為求「自
己的好處」，利用自己作為先知的「特殊位分」，和他所具有的屬靈啟示的「恩賜
-能力」，而不惜「違抗-悖逆」耶和華神，去咒詛以色列後，巴蘭的名聲就臭了，
而且是遺臭萬年。

在整本聖經中，關於巴蘭的「臭名」，一路從民數記，一直記到啟示錄，

民 31:16 首次提到，摩押女子和米甸女子的「勾引」設計，原來就是巴蘭的計謀：
『這些婦女因 巴蘭的計謀，叫以色列人在毗珥的事上 得罪耶和華，以致耶和華
的會眾 遭遇瘟疫。』

約書亞 13:22 提到巴蘭的下場：『在以色列人 所殺的人 當中，有比珥的兒子 占
卜者巴蘭。』

來到新約，彼得後書 2:15-16：

『他們離棄正路，就走差了，隨從比珥之子 巴蘭 的路。
巴蘭 就是 那貪愛不義之工價的先知，他卻為自己的過犯受了責備；
那不能說話的驢 以人言，攔阻 先知的狂妄。』

95

使徒彼得在這兩節經文中，直言不諱地「強力批判」巴蘭，說巴蘭是圖謀自己利益、貪愛「**不義之工價**」的先知，重點就在於巴蘭答應<巴勒>王所做的事情乃是「不義」之工，因此所得的工價當然也就是「不義」之工價。但為何會如此呢，這就是彼得接著要批判的第二點，

彼得說巴蘭是「**狂妄的**」先知，意思就是巴蘭「**目中無神**」，巴蘭的狂妄，是狂妄到眼裡「沒有」耶和華神，所以巴蘭膽敢公然地「**悖逆-違抗**」耶和華的旨意，要去到<巴勒>王那裡「咒詛-傷害」以色列百姓，所以在巴蘭起身前往摩押地的路上，才會遭遇耶和華神的使者的「攔阻」，並且神讓這頭驢來對巴蘭「訓話」

再來看猶大書 1:11：
『他們有禍了！因為走了該隱的道路，又 **為利 往巴蘭的錯謬裏 直奔**，並在可拉的背叛中滅亡了。』

整本聖經最後一處記到巴蘭的經文，在啟示錄 2:14：

『然而，有幾件事我要責備你：
因為在你那裏有人服從了 **巴蘭** 的教訓；
這 **巴蘭** 曾教導 <巴勒> 將絆腳石 放在以色列人面前，
叫他們吃祭偶像之物，行姦淫的事。』

巴蘭，這位原來是在當時中東世界頗負名望、聲譽卓越的先知，這一位是耶和華神會與之交通、「直接說話」的外邦先知，本來應可以在歷史上留下好名聲，但卻因受到「錢財的誘惑」，接受「不義之工價」的利益，而利用自己作為先知的「特殊職分」，和屬靈啟示的「恩賜-能力」，不惜與耶和華神「為敵」，行事與耶和華神「相反」，結果留下臭名，以至於整本聖經都在記錄巴蘭的邪僻乖謬，其實目的就是要警惕我們每一個讀經的人：

在神面前，應當要敬畏神、誠實無妄、恨不義之財。

五、 四個神諭

如果要論到以色列在列國中的「獨特性」，那麼<巴勒>篇這段妥拉正是提供了一個非常清楚的內容，而且，這個內容還是耶和華神，透過一「外邦先知」的口所說出來的。

在巴蘭論到以色列的四次神諭，或者說四次祝福中，首先須要說的是，**這些神諭的內容，完全都是「來自耶和華神」的**，耶和華神透過巴蘭的口，來告訴周遭的列國，以色列「獨特-特殊」的地位和使命。

首先，第一個神諭，主要是論到了以色列的「起初」，在民 23:7-10，我們看民 23:9 這節重點經文，若按照原文直接翻譯就是：

> 『從他們的起初-本源，我看他們是(堅固的)磐石，我看他們如山丘。
> 　　　這是 獨居的民，不列在萬民中。』

כִּי־מֵרֹאשׁ צֻרִים אֶרְאֶנּוּ, וּמִגְּבָעוֹת אֲשׁוּרֶנּוּ
הֶן־עָם לְבָדָד יִשְׁכֹּן וּבַגּוֹיִם לֹא יִתְחַשָּׁב

民 23:9 說得很清楚，這節經文其實具體說明了，從耶和華神揀選「亞伯拉罕-以撒-雅各」這支「**救贖歷史**」發展的人類血脈開始，耶和華神就特意地去「**堅固-護衛**」這個後來被稱為「以色列」的家族，所以經文才說：『從他們的起初-本源，我看他們是 (堅固的) 磐石。』

再來，民 23:9 後半句說以色列是：『獨居的民，不列在萬民中。』這乃是論到了以色列身分的「獨特性」，因為天下只有以色列「親身經歷」神大能的手、十災、出埃及、過紅海、西奈山領受十誡，成為祭司的國度-聖潔的子民，作為列國的光，這民：以色列乃是耶和華神與之「立約」和交往的民族，他們成為「救贖歷史」的運作軟體，乃是人類歷史發展的最重要的一條主線。(申命記 4:32-35)

說以色列「不列在萬民中」，這是因為在末後的日子，神會抵擋-拆毀列國的工作，但卻會特意「護衛-保留」以色列的餘民，耶利米書 30:11：

> 『 因我與你同在，要拯救你，也要將所趕散你到的那些國滅絕淨盡，
> 卻不將你 滅絕淨盡，倒要從寬懲治你，萬不能不罰你。這是耶和華說的。』

再來，第二個神諭，民 23:21-23：

『祂未見雅各中有罪孽，也未見以色列中有奸惡。
耶和華－他的上帝和他同在；有歡呼王的聲音在他們中間。
上帝領他們出埃及；他們似乎有野牛之力。
斷沒有法術可以害雅各，也沒有占卜可以害以色列。
現在必有人論及雅各，就是論及以色列說：上帝為他行了何等的大事！』

第二個神諭，是論到了以色列當前的處境，本來是被摩押王<巴勒>找了巴蘭要來「咒詛」以色列的，但耶和華神卻透過巴蘭的口說出了「神要列國聽的話」，那就是:在以色列中，不論是他們紮營、或拔營起行，都有耶和華「神在其中」，與他們「同在」，所以沒有任何惡勢力可以傷害以色列，因為耶和華神正是要透過以色列民的「回歸」這件事，來清楚表明這就是「神的心意-計畫」和工作。

第三個神諭，講到以色列將來過約旦河，進入迦南地，得地為業後，會富國強盛，並且也會將「神的居所」，也就是 聖殿，立在以色列境內，讓耶和華真神的名得以傳於外邦，這就是民 24:5-8 所說的：

『雅各啊，你的帳棚 何等華美！以色列啊，你的帳幕 何其華麗！6 如接連的山谷，如河旁的園子，如耶和華所栽的沉香樹，如水邊的香柏木。7 水要從他的桶裏流出；種子要撒在多水之處。他的王必超過亞甲；他的國必要振興。8 上帝領他出埃及；他似乎有野牛之力。他要吞吃敵國，折斷他們的骨頭，用箭射透他們。』

最後，第四個神諭，也是最重要的一個神諭，因為在這個神諭中論到了將來在以色列要出來的「彌賽亞」、以色列的王，民 24:17：

『有星 要出於雅各，有杖 要興於以色列，
必打破摩押的四角，毀壞擾亂之子。』

דָּרַךְ כּוֹכָב מִיַּעֲקֹב וְקָם שֵׁבֶט מִיִּשְׂרָאֵל
וּמָחַץ פַּאֲתֵי מוֹאָב וְקַרְקַר כָּל-בְּנֵי-שֵׁת

關於這個「星」，或者是象徵「王權」的 權杖，有些猶太解經家認為是大衛，也有的認為其實就是彌賽亞，不過，不論是誰，這個人都肯定是「以色列-猶大支派-大衛家」的「聖約血脈」後裔。

而說到「這個星」，這讓我們想到當年耶穌降生在伯利恆的時候，天上正是出現了一顆「明亮之星」，馬太福音 2:1-2：

『當希律王的時候，耶穌生在猶太的伯利恆。有幾個博士從東方來到 **耶路撒冷**，說:「那生下來作 **猶太人之王** 的在哪裏？ 我們在東方看見 **他的星**，特來拜他。」』

彌賽亞耶穌，作為「**以色列-猶大支派-大衛家**」的「**聖約血脈**」後裔，這個事實是非常重要的，因為耶穌作為「**以色列的彌賽亞**」、「**猶太人的王**」的來到，不論是第一次來或第二次來，祂首要關注和「**拯救-救贖**」的都是 **以色列**，因為耶穌自始至終，都是作為一位「**以色列的彌賽亞**」、「**猶太人的王**」而來到世上的 。

所以這也就是為什麼，馬太和路加在他們的福音書的起頭，都要花這麼大的篇幅，去交代、回溯「耶穌的家譜」，就是為了要證明耶穌在肉身的血脈上，是出自『**亞伯拉罕的後裔、以色列家、猶大支派、大衛的子孫**』。最後，來讀一段路加福音的經文，來作為本段的小結，路加福音 1:31-33, 54-55, 67-75：

『妳要懷孕生子，可以給他起名叫 **耶穌**。他要為大，稱為 **至高者的兒子**；
主上帝 (**耶和華**) 要把他祖 **大衛的位** 給他。
他要作 **雅各 (以色列) 家的王**，直到永遠；**他的國** 也沒有窮盡。 』

『祂 (**耶和華神**) 扶助了祂的僕人以色列，為要記念 **亞伯拉罕和他的後裔**，
施憐憫直到永遠，正如從前對 **我們列祖** 所說的話。 』

『他 (施洗約翰) 的 父親撒迦利亞被聖靈充滿了，就預言說：
主－以色列的上帝 (**耶和華**) 是應當稱頌的！
因祂眷顧祂的百姓，為他們施行救贖，
在他僕人 **大衛家** 中，為我們興起了 **拯救的角**，
正如主 (**耶和華神**) 藉著從創世以來聖先知的口所說的話，
拯救我們脫離仇敵和一切恨我們之人的手，
向我們列祖施憐憫，記念祂的聖約 就是 **祂對我們祖宗亞伯拉罕所起的誓**
叫我們既 **從仇敵手中被救出來** 就可以終身在祂面前，
坦然無懼地用聖潔、公義事奉祂。 』

問題與討論：

1. <巴勒>這段妥拉的標題是以這位摩押王的名字<巴勒>來命名，這是因為，這位外邦的王想要用「**靈界-屬靈**」的勢力來「摧毀」以色列，所以<巴勒>去找了當時中東最厲害的術士: **巴蘭**，要來咒詛以色列。這就具體地說明以色列所遭遇到的敵對勢力，其實不只是表面上我們看到的，是一場又一場的「物質-軍事」的戰爭，這些戰爭的背後，本質上乃是一場「什麼樣的」的戰爭？

2. 如果創世記 26 章以撒被非利士人「無故迫害、驅逐」的事件，可以被看作是「反以-反猶」的原型 的話，那你覺得「反以-反猶」的原因何在？ 為什麼歷史上總會有「反以-反猶」的情況和現象，而且「反」到一個「極度非理性」的程度要把猶太人「種族滅絕」？

3. 為什麼在民數記 22:21-35 這段經文中，刻意用了「**一頭驢**」，來和這位中東最厲害的術士、先知，也就是巴蘭，來作一個強烈的對比，經文這樣「對比」的用意和目的是什麼，經文想要表達什麼信息？

4. 從這個貫穿整本聖經，並且一在反覆被提及「**巴蘭的臭名**」當中，神特別要「警惕」我們什麼？

5. 若是論到 以色列在列國中的「**獨特性**」，那麼<巴勒>篇這段妥拉正是提供一個非常清楚的內容，而且，這個內容還是耶和華神，透過一位「外邦先知」的口所說出來的。在巴蘭論到以色列的「**四次神諭**」中完全都是「來自耶和華神」的，是耶和華神要透過巴蘭的口，來告訴周遭的列國，以色列「**獨特-特殊**」的地位和使命。請問這「**四次神諭**」的內容在說什麼？

民數記 **No.8** 妥拉

<非尼哈>篇（פרשת פינחס）

本段妥拉摘要：

民數記第八段妥拉，標題<非尼哈>，希伯來文(פִּינְחָס)。

接續上段<巴勒>篇的悲劇，以色列百姓在什亭所犯的淫亂和拜偶像的罪，惹動耶和華神的憤怒，導致營中死了兩萬四千人。

來到本段妥拉起始處，立刻就提到<非尼哈>的「為神火熱」，<非尼哈> 他的「以神的心」為心，以「神的忌邪」為忌邪，所以才立刻止住瘟疫，不讓進一步的傷亡在以色列營中擴大，這就是民 25:11 所說的：

『祭司亞倫的孫子，以利亞撒的兒子<非尼哈>，**使我向以色列人所發的怒** 消了；因他在他們中間，**以 我的忌邪 為心**，使我不在忌邪中把他們除滅。』

因著<非尼哈>為耶和華神「火熱」，所以他的即時出手才使得，此時已在約旦河邊準備要過河，進入迦南地的以色列百姓，可以趕快「回過神」來，立刻「回穩」，然後，讓接下來的「前進迦南-得地為業」的最後「預備」工作，得以順利地繼續進行，這就包括接下來幾章依序提到的：

26 章的以色列的「世代交替」，這是過約旦河前最後一次的大規模人口數點、重新徵兵、和預備分地。

27 章的以色列的「領導交棒」，由摩西傳承給約書亞。

28、29 兩章，以非常宏大的篇幅再次告訴以色列百姓，他們「前進迦南-得地為業」之後，所應該要做的事情，就是常常「紀念」耶和華神，每日、每週、每月、每個節期，時常向耶和華神來「獻祭-感恩」。

民數記 No.8 妥拉 <非尼哈> 篇（פרשת פינחס）

經文段落:《民數記》25:10 - 29:40
先知書伴讀:《列王記上》18:46 - 19:21
詩篇伴讀: 50 篇
新約伴讀:《約翰福音》2:13-22、《羅馬書》11:2-32

一、 為神「火熱」

民數記第八段妥拉標題<非尼哈>。經文段落從民數記 25 章 10 節到 29 章 40 節。
<非尼哈>這個標題，在民 25:10-11 節當中:

『耶和華曉諭摩西說:
「祭司亞倫的孫子，以利亞撒的兒子 非尼哈，使我向以色列人所發的怒消了;
因他在他們中間，以我的忌邪為心，
使我不在忌邪中把他們除滅。」

וַיְדַבֵּר יְהוָה אֶל-מֹשֶׁה לֵּאמֹר.
פִּינְחָס בֶּן-אֶלְעָזָר בֶּן-אַהֲרֹן הַכֹּהֵן הֵשִׁיב אֶת-חֲמָתִי מֵעַל בְּנֵי-יִשְׂרָאֵל
בְּקַנְאוֹ אֶת-קִנְאָתִי בְּתוֹכָם
וְלֹא-כִלִּיתִי אֶת-בְּנֵי-יִשְׂרָאֵל בְּקִנְאָתִי

這段妥拉的標題: <非尼哈> (**פִּינְחָס**) 就是希伯來經文民 25:11 的第一個字，這個字(**פִּינְחָס**) 就是民數記第八段妥拉的標題。

<非尼哈>這個代表「**為神火熱**」的狂熱分子，在這段妥拉中扮演一個非常關鍵的角色。

首先，<非尼哈>收拾了上段妥拉遺留下來的殘局，或者說嚴重的後果。在上段妥拉<巴勒>篇，以色列百姓遭遇到出埃及在曠野漂流以來，最重大的一次襲擊，而且這個攻擊，是從靈界來的屬靈攻擊，來勢洶洶，是一股強大的「下壓」力量，是要把以色列往下壓，壓的死死，這個就是本來 (可能) 會發生的災難: 巴蘭的咒詛。

但因著耶和華神的「強勢介入」，使巴蘭一句咒詛的話都不能從他口裡說出，反而還說出許多「祝福以色列」的言語，當然，這些「祝福」的言語並不是來自巴蘭本人的意願，因為巴蘭心裡早已打定主意要「咒詛」以色列，可是耶和華神硬是把巴蘭當成一個「傳話工具」，透過巴蘭的口，而說出許多「神的旨意和計畫」，也就是關於「以色列」的角色、命定的真理。

而當前，以色列正是要去完成耶和華神所指派給他們的任務，也就是「前進迦南-得地為業」，這個任務同時也是耶和華神在「**救贖歷史**」中，一個需要「被成就」的計畫和旨意。所以，耶和華神才會這麼「百般護衛」以色列，讓以色列百姓可以經過迦南人、以東人、摩押人、亞摩利人、亞們人這些外族人的境地，儘管這些外族人「都不願意」讓一條路給以色列人經過，甚至都還要主動向以色列「發動戰爭」，**但耶和華神都 一路保守-護衛 以色列**。

直到要經過摩押人的境界，摩押人的王<巴勒>找來當時中東最厲害的術士:巴蘭來咒詛以色列，雖最後咒詛不成，可是巴蘭向<巴勒>王獻計，給出一個計謀，就是用摩押女子和米甸女子去引誘以色列拜偶像、行淫亂。

這個計謀奏效了，而且也「重傷」以色列，以色列百姓因為在什亭犯的拜偶像和淫亂的罪，遭來耶和華神的懲罰，有兩萬四千人死於瘟疫。

正當這個瘟疫看似要繼續擴散，以色列死傷人數繼續增加的時候，有一個人趕緊跳出來，「阻止」瘟疫的蔓延，也「強行中止」以色列人淫亂的罪行，這個人就是<非尼哈>。

<非尼哈>看到，以色列營中道德淪喪、秩序崩壞，因為就連支派宗族的首領，都公然的帶米甸女人進到以色列營地內，甚至進到支派領袖的帳篷裡行苟合之事。

所以，為耶和華神火熱的<非尼哈>看見以色列營地當中如此崩壞的景況時，不惜冒著自己的性命危險，就從會中起來，手裏拿著槍，跟隨那以色列人進亭子裏去，便將以色列人和那女人由腹中刺透。這樣，在以色列人中瘟疫就止息了。民25:7-8

<非尼哈>的 為神火熱，乃因<非尼哈>清楚知道耶和華神的旨意和計畫，他知道神給以色列的使命和命定，是要他們「前進迦南-得地為業」，所以當以色列營地中，竟然發生內部有支派首領「公然淫亂、拜偶像」的事情時，<非尼哈>深知這事態非常嚴重，這會讓神要以色列百姓前進迦南的進度拖延，甚至是被攔阻，或中斷，所以這段妥拉，起始的經文民25:11 才這樣說到：

『祭司亞倫的孫子，以利亞撒的兒子<非尼哈>使我的怒氣轉離以色列人；
在他們中間，他以 我的忌邪 為 他的忌邪，
使我沒有在 我的忌邪 中把以色列人除滅。』

פִּינְחָס בֶּן-אֶלְעָזָר בֶּן-אַהֲרֹן הַכֹּהֵן הֵשִׁיב אֶת-חֲמָתִי מֵעַל בְּנֵי-יִשְׂרָאֵל
בְּקַנְאוֹ אֶת-קִנְאָתִי בְּתוֹכָם
וְלֹא-כִלִּיתִי אֶת-בְּנֵי-יִשְׂרָאֵל בְּקִנְאָתִי

在民 25:11 這節經文中，有一個字，一連出現三次，就是「忌邪」(קִנְאָה) 這個字，這個希伯來字直接翻譯就是 妒忌，或是「為...火熱-狂熱」，也就是說 耶和華神「愛」以色列，為以色列這個從埃及所領出來的百姓「大發熱心」，使以色列成為耶和華「神自己的民」，與他們「立約」，要使他們「成聖」，成為『祭司的國度、聖潔的子民』，要他們前進迦南-得地為業，成為列國的光。

上文說的這些，其實就是 耶和華神對以色列的「忌邪-火熱」(קִנְאָה)，因此神不允許「外邦的神」成為以色列人的神，神也不允許「列國」去攔阻耶和華神對以色列的救贖計畫，這就是因為: 神對以色列是「忌邪-火熱」、耶和華神為以色列火熱。

正因<非尼哈>『以 神的心 為心』，『以 神的火熱 為火熱』，所以，才能使以色列百姓幸免於難。

也因著<非尼哈>的「為神火熱」，才給這段妥拉接下來的發展，使以色列百姓又得以「重新回到」為著「前進迦南」，做最後準備的重要工作上，所以後面的經文段落就依序提到: 為著前進迦南，再次做出數點百姓、徵兵的動作、以色列百姓進入「換血」的過程，新的一代要起來預備戰鬥、還有西羅非哈的女兒們也為著「前進迦南-得地為業」火熱，然後是領袖交班，以色列的領導由摩西傳承給約書亞，最後則是 28-29 章篇幅宏大的獻祭。

是的，因著<非尼哈>對耶和華神的火熱，使得以色列能「再次穩住」、「恢復」，「繼續維繫」神給他們的使命和命定。

這樣也就讓我們清楚看到，<非尼哈>是以「神的火熱」為火熱來侍奉的人，不是以「自己的火熱」為熱情來服事的人，因為若是以「自己的火熱」為熱情來服事的人，那這個就是<可拉>，人意的工作，最後帶來的是分裂、和毀壞。

二、 情慾收敗壞

『**體貼肉體的** 就是死，體貼聖靈的乃是生命、平安。
原 來**體貼肉體的** 就是 **與神為仇**。』羅馬書 8:6-7

『因為 **情慾** 和 **聖靈相爭**，**聖靈** 和 **情慾相爭**，
這兩個是**彼此相敵**，使你們不能做所願意做的。
情慾的事都是顯而易見的，就如姦淫、污穢、邪蕩、拜偶像
行這樣事的人 必不能承受上帝的國。』加拉太書 5:17-21

在上段妥拉<巴勒>篇，以及本段<非尼哈>篇，我們看到，以色列百姓在曠野漂流的第四十年，快要進入尾聲之際，準備要過約旦河，竟在約旦河東，在進入迦南地前的最後一站，居然犯下「**姦淫**」和「**拜偶像**」這兩個在耶和華眼中看為最嚴重的罪。

以色列百姓在前進迦南-得地為業之前的「最後一站-最後一刻」，竟是 **敗給自己**，竟然是 **自己跌倒**，因著「**體貼肉體-放縱情慾**」的事情而跌倒，這實在值得借鏡和警惕。

仔細來思想一下，以色列百姓在什亭所犯的淫亂和拜偶像的罪，之所以「非常嚴重」，乃是在於底下幾點:

首先、這應該是以色列百姓頭一次「**沒有原因、毫無緣由地**」去犯罪，先前百姓的犯罪，都是因為沒東西吃、沒水喝、或是曠野生活困苦，而讓以色列百姓小信、抱怨、爭鬧，說想要回埃及去而來的犯罪，但是這次在什亭的淫亂和拜偶像，卻不是因為在生活上有什麼樣的缺乏而抱怨犯罪，**純粹只是肉體的情慾放縱**。這個肉體的淫亂，出現在以色列營地當中，是一個警訊。

第二、雖然以色列百姓在西奈曠野，一路上都在學習領受耶和華神的律例、典章、法度的教導和帶領，他們答應耶和華神要成「祭司」的國度、「聖潔」的子民，但現在來到約旦河東，以色列百姓漸漸「離開」人煙罕至的「無人」曠野的環境，**開始接觸到異邦異族，看到這些人的文化風俗，甚至是外邦女子**，但就在快要過約旦河、進入迦南地的同時，和這些鄰邦外族的人接觸以後，**竟然就這麼容易地被勾引、被誘惑**，隨從他們的女人一起生活，也隨從他們的異教風俗，開始去拜偶像，這也是一個警訊，那就是以色列在接觸到外邦後，敗壞的速度是如此之快。

第三、來到民數記後面，我們看到，出埃及那一代的以色列人都凋零、死去，在什亭犯罪的以色列人，是「在曠野中」出生、長大的「新一代」以色列人，在新一代的以色列人，比較沒有老一輩以色列人出埃及所具有的「軟弱」和「奴性」，但雖然如此，**這群被寄予厚望要前進迦南-得地為業的「新一代」以色列年輕人，卻也在過約旦河前的第一次試驗給擊敗，也就是在什亭外邦女子的引誘上面，跌倒。**所以，這又是一個警訊，新一代的以色列青年，雖然已經「要進入」迦南地，但卻似乎「還沒有」預備好自己，「去抵抗」異邦文化和女人的誘惑。

最後、其實是回到前面的第一點，以色列百姓過約旦河之前，最後所犯的罪，不是別的什麼其他的罪，正好就是 肉體的淫亂，和 屬靈的淫亂:拜偶像的罪，這一點意義非常重大，可以說，**日後以色列的敗壞-亡國，歸根結柢，就在於這兩件事上: 肉體的淫亂，和屬靈的淫亂:拜偶像的罪。**

其實，回顧上段妥拉<巴勒>篇，耶和華神已經「強行介入」，並且「保護-守衛」以色列倖免於巴蘭的咒詛了，照理說<巴勒>請巴蘭咒詛的經文敘事應該就是斷在民 24:25 才對：

> 『於是巴蘭起來，回他本地去；<巴勒>也回去了。』

但沒想到，以色列人還是被引誘去犯罪，自己跌倒，所以，巴蘭咒詛的故事又多了這個「節外生枝」的部分，於是民數記 25 章接下來就繼續記載，民 25:1-3：

『以色列人住在什亭，百姓與摩押女子 行起淫亂。因為這女子叫百姓來，一同 給她們的神獻祭，百姓 就吃 她們的祭物，跪拜她們的神。以色列人 與巴力‧毗珥連合，耶和華的怒氣 就向以色列人發作。』

巴蘭的咒詛不成，其實耶和華神已經是「強行介入」來「保守-護衛」以色列百姓，神「已經解救了」以色列免於敵人的屬靈攻擊，但剩下來的，還是要看以色列百姓自己，以色列百姓必須要抵擋得住外邦女子的誘惑，否則神也「救不了」這些「放縱」肉體情慾，與外邦女子聯合的以色列男丁。

以色列若需要有耶和華神「完全的守衛和保護」，那麼 以色列百姓「自己」必須「要聖潔」、營地必須「要聖潔」，就如申命記 23:14 所說：

> 『因為耶和華－你的上帝，**常在你營中行走，**
> **要救護你，將仇敵交給你，**
> 所以 你的營，理當「**聖潔**」，免得他見你那裏「**有污穢**」，就離開你。』

最後，以加拉太書 6:8 來做一個小結：

『順著 **情慾** 撒種的，必從情慾收 **敗壞**；.
順著聖靈撒種的，必從聖靈收永生。』

三、 得地為業的領袖

在<非尼哈>這篇妥拉，我們看到以色列百姓進入一個「**換血**」時期，世代交替，因為這段妥拉又進行一次大規模的百姓數點和男丁徵兵的動作，而且所數點出來的以色列男丁，是完全新一代，在曠野出生長大的以色列人。民 26:64-65：

『但被數的人中，**沒有一個是 摩西和祭司亞倫 從前在西奈的曠野所數的以色列人**，因為耶和華論到他們說：「**他們必要死在曠野。**」所以，除了耶孚尼的兒子迦勒和嫩的兒子約書亞以外，**連一個人也沒有存留。** 』

除了「世代更迭」，以色列營地陣中由一群「嶄新的一代」起來，繼續向著迦南地的目標前進之外，以色列的領導權炳也來到一個「傳承-交班」的關鍵重要時刻，之所以說這個時刻是關鍵重要，甚至還能說是危險的，這是因為，**一個社群團體或說政權，在「權力交接-領導轉換」時，最容易發生「爭鬧-分裂-叛亂」的危險狀況。**

但我們看到，摩西卻能夠將「領導交班」這件事處理的非常安全妥當，這當然也是因為摩西完全遵照「耶和華神的旨意」來行。

從摩西將領導權柄「遞交」給約書亞這件事情上，讓我們看到身為一個「偉大又謙卑」的屬靈領袖，他所具備的特質和典範應該是如何。

一個好的、成熟的屬靈領袖，必定知道「**傳承**」的重要性，關於這點，對於一些或大部分的領袖來說，「**傳承**」不是件容易的事情，因為權柄「在自己手上」久了，一下子說要「放手」或「轉交」，其實不會那麼快就會答應和適應，中間肯定要經過許多的心理掙扎和交戰。

事實上，摩西也很想「帶領」著以色列一起過約旦河，進入迦南地，摩西甚至苦

苦哀求，申命記 3:23-26：

『那時，**我懇求耶和華說**：主耶和華啊，你已將你的大力大能顯給僕人看。在天上，在地下，有甚麼神能像你行事、像你有大能的作為呢？ **求你容我過去，看約旦河那邊的美地，就是那佳美的山地和黎巴嫩**。但耶和華因你們的緣故向我發怒，不應允我，對我說：罷了！你不要向我再提這事。』

摩西會有這樣的請求也是人之常情，因為摩西自然會想，從前是我摩西在埃及對抗法老，才好不容易帶領以色列人出埃及，來到曠野，也是我摩西讓百姓在西奈山領受十誡，處處在「教導-帶領」著百姓，百姓出了大大小小的亂子，也都是我摩西要出面善後，**現在準備要到終點，進入迦南地了，我摩西卻不能進去，一探那流奶與蜜的迦南美地。**

其實，如果摩西因為耶和華神的拒絕，而讓摩西一氣之下，硬要強行帶領以色列百姓過約旦河，進入迦南地，那恐怕會釀成巨大的災難，當然這樣的事情沒有發生，因為摩西是一個在神面前完全「順服謙卑」的人，儘管他擁有這麼大的「屬靈和領導」權柄。

所以，當摩西清楚知道，他不能進去迦南地時，他立刻就服在神的面前，並開始進行找接班人「傳承」的重大事宜，而說到這個傳承，摩西也沒有「大權在握」的說，我摩西的這個領導權柄只「世襲」傳給我自己的兒子: 革舜和以利以謝，沒有，**摩西沒有這樣按著「自己的意思」來做權力交班。**

摩西的偉大，是在於，他是一個總是「以大局著想」的人，他是一個，總是「不求自己，只求百姓」益處的領導，更重要的是，摩西是一個，**總是來到耶和華神面前「尋求-求問」**的屬靈領袖。

所以，在傳承，找接班人這麼重要的大事，摩西自然是來到神的面前求問，民27:15-17：

『摩西對耶和華說：
願耶和華萬人之靈的上帝，立一個人治理會眾，
可以在他們面前出、在他們面前入，
也可以引導他們出、引導他們入，
免得耶和華的會眾如同沒有 **牧人** 的羊群一般。』

在民 27:17 的經文中，摩西其實把這個能帶領以色列百姓的屬靈領導，所應該具備的特質描繪的非常傳神，這個人，其實就是要像一個「**牧羊人**」一樣，他必須要能夠勇敢地在以色列百姓的「最前面」，帶領著百姓一同像敵人作戰，所以經

文說，是在「**他們面前**」出、在「**他們面前**」入，這位領導，這位帶領以色列的最高指揮官是站在「**最前線**」保護以色列民的。

另外，民 27:17 經文的後半講到：『**引導他們出、引導他們入**』，其實也是很形象化地將以色列的屬靈領袖比喻成「**牧羊人**」，因為牧羊人有要帶領羊群「**出去**」，但最後也必須要平平安安地帶領他們「**回到**」羊圈中。

接下來民 27:18-20：
『耶和華對摩西說：「嫩的兒子約書亞是 心中有 聖靈的；你將他領來，按手在他 頭上，使他站在祭司以利亞撒和全會眾面前，囑咐他，**又將你的尊榮給他幾分，使以色列全會眾都聽從他**。』

一個屬靈領袖，最重要的就是「**心中有聖靈-神的靈**」的，此外，這樣的領袖也是一個懂得將權力「**完全放手-傳承**」的人，而這也就是摩西所正在做的，民 27:22-23：

『於是摩西 照耶和華所吩咐的 將約書亞領來，使他站在祭司以利亞撒和全會眾面前，**按手在他頭上，囑咐他**，是 照耶和華藉摩西所說的話。』

因著摩西的 完全順服、完全放手，以大局著想，以神的心為心，以神的意念為意念，以神的計畫為計劃，所以摩西才能這麼坦然地交出握在他手上已經有 40 年之久的領導權柄，然後「傳承」給約書亞，在這個「**世代交替-權柄轉移**」的過渡階段，這個容易出亂子的一個不穩定的時期，完成「交棒」的動作，這就使得以色列「前進迦南-得地為業」的任務和使命，可以繼續實踐和成就下去。

四、「渴望」神的產業

『屬約瑟的兒子瑪拿西的各族，有瑪拿西的玄孫，瑪吉的曾孫，基列的孫子，希弗的兒子 西羅非哈的女兒，名叫 瑪拉、挪阿、曷拉、密迦、得撒。她們前來站**在會幕門口**，在摩西和祭司以利亞撒，並眾首領與全會眾面前，說：我們的父親死在曠野。他不與可拉同黨聚集攻擊耶和華，是在自己罪中死的；他也沒有兒子。**為甚麼因我們的父親 沒有兒子，就把他的名從他族中除掉呢**？求你們 在我們父親的弟兄中 分給我們產業。』民 27:1-4

在<非尼哈>這段妥拉中，最特別的一段經文敘事，在 民 27:1-11 這段經文中，耶和華神竟然「破例」，為西羅非哈的這五名子女「另立一個新法」。

事情發生的經過是這樣，前面在民數記 26 章，以色列進行了進入迦南地前的最後一次人口普查，這次的人口數點，其實是在為各支派「分地」做預備。

正如耶和華神告訴摩西的，民 26:53-54：
『你要按著人名的數目將地分給這些人為業。人多的，你要把產業多分給他們；人少的，你要把產業少分給他們；要照被數的人數，把產業分給各人。』

以前，**家族的土地和產業**，多半是由 長子 或 男丁 來繼承的，但現在的狀況是，有一個父親，也就是西羅非哈，他膝下無兒子，只有五個女兒，結果因為沒有兒子可以繼承土地，所以正如經文說的，**西羅非哈在瑪拿西之派「分地的名單」中「被除名」**了。

要知道，此時以色列還在約旦河東，尚未進入迦南地，但西羅非哈的 這五個「為神火熱」的女兒們，她們各個 相信「神的信實和應許」，都「渴望」進入迦南地，渴求這一份在應許地的「土地產業」繼承權。所以，她們就來到摩西這裡，摩西就把這事呈報給耶和華神，尋求神的意思，然後就是民 27:6-7 這一段耶和華神的回覆：

『耶和華曉諭摩西說：**西羅非哈的女兒 說得有理**。你定要在她們父親的弟兄中，把地分給她們為業；要將她們父親的產業歸給她們。』

然後，接著民 27:8-11 就是這一個，因著西羅非哈這五個女兒的「爭取產業」，而成立的新法，民 27:8-11：

『你也要曉諭以色列人說：『人若死了沒有兒子，就要把他的產業歸給 他的女兒。他若沒有女兒，就要把他的產業給他的弟兄。他若沒有弟兄，就要把他的產業給他父親的弟兄。他父親若沒有弟兄，就要把他的產業給他族中最近的親屬，他便要得為業。』這要作以色列人的律例典章，是照耶和華吩咐摩西的。』

讀到這裡，你是否會覺得感動呢，就是耶和華神竟然是這樣一位大小事情，祂都會「在乎-關心」我們的上帝，不論你是男人或女人，在神的眼裡都是一樣平等的：

『我是耶和華－你的上帝，曾把你從埃及地領上來；

你要大大張口，我就給你充滿。』詩篇 81:10

西羅非哈的這五個女兒，因著她們對於神所應許之地的產業的渴慕和渴求，所以神竟然為了她們開了一個新法，給她們有額外的恩典，使得她們不僅在妥拉的經文中「留名」被紀念，日後她們進入迦南地以後，也能享受「得地為業」的恩典和豐盛。

但反觀先前被摩西派出去的十個探子，雖然他們都是男人，而且還都是各支派的領袖和族長，本來是有充分的資格可以前進迦南「來繼承」應許地的，但卻因為他們的「不信」，不相信神的應許和產業，以至於他們最後無緣繼承地業，甚至連迦南地都無法進去。

五、 恆常的獻祭

<非尼哈>這段妥拉的內容，主要講述以色列百姓準備要過約旦河前，所做的最後預備:人口重新數點、世代交替、領導權柄的交班，摩西將屬靈權柄傳承給約書亞，現在的大祭司也從亞倫變成以利亞撒，也就是<非尼哈>的父親。

最後，這段妥拉的結尾，來到了進迦南地後，每個以色列人都要做的一件非常重要的事情，那就是「獻祭」。

獻祭，就是「為神火熱」的一種具體表現 ！

獻祭除了是向神表達「感恩」之外，另一個更重要的就是「贖罪」，也就是，當人「犯罪」時，要有一個無辜的生命「代替」你死，替你「流血」，你的罪才得贖，這也就是為什麼父神耶和華最後必須要差派祂的愛子耶穌，道成肉身，來到地上，捨身流血，替眾人贖罪，完成「贖罪祭-挽回祭」的一個最主要的原因。

所以，在基督-希伯來信仰中，「獻祭」是一件至關重要的事，可以這麼說，整部妥拉 (摩西五經) 的總綱和核心，其實就是「獻祭」，這明顯地證明: 耶和華神知道以色列百姓沒有能力去遵行律法(妥拉);所以「獻祭」制度的出現乃是宣告「神的恩典」，以及神祂願意「寬恕」祂百姓的罪過。

這樣也就可以解釋為什麼整部摩西五經，需要花那麼多的篇幅，鉅細靡遺地在描述和記載「獻祭」的各樣事宜，回顧一下，妥拉裡面各個有提到「獻祭」經文的

大段落：

1. 首先是在利未記第一段妥拉<祂呼叫>篇，在利未記 1 章到 6 章這裡，是首次系統的講到五種獻祭。

2. 再來是利未記第二段妥拉<吩咐-命令>篇，在利未記 6:8 到 7:38 接續提到的，祭司們要怎樣幫百姓處理這五種獻祭。

3. 接著到利未記第六段<死了之後>篇，在利未記第 16 章所講到的「贖罪日」，這個由大祭司一年一度所操辦的一個，為著「全體以色列百姓」贖罪的「特殊獻祭」。

4. 然後就是民數記第四段妥拉<打發>篇，在民數記 15 章論到，以色列百姓進入迦南地之後的獻祭規範和條例。

5. 還有民數記第五段<可拉>篇，在 18 章那裏，是在重申利未人在處理各樣獻祭條例所應該遵守的職責。

6. 接著民數記第六段妥拉<紅母牛條例>篇，在民數記 19:1-10 提到的這個預表彌賽亞的「紅母牛」獻祭。

7. 最後，就是<非尼哈>這段妥拉，在民數記 28-29 章所提到的這一份「**恆常的獻祭**」的「總表」，這裡，可以說是，整部摩西五經「最後一次」有系統地講到「各樣獻祭」的所有清單和總匯。

在民數記 28-29 章這一份這麼長的「獻祭」總表清單中，我們注意到，這些獻祭，都跟「**節期**」有密切關係。在利未記第八段<訴說>篇妥拉中，筆者很細地去討論，為什麼耶和華神會這麼看重「祂自己的節期」[1]，以至於，現在來到民數記 28-29 章這裡，還進一步的去提醒、去要求以色列百姓，**要在耶和華的節期「獻祭」**。

在民數記 28-29 章中，我們依序會看到，耶和華神其實就是在要求以色列人，**每天、每週、每月、每個重要節期、每年，都要不斷地獻祭、不停地獻祭**。

如果按照經文的排序我們會看到：

---

[1] 詳見《奧秘之鑰-解鎖妥拉:利未記》No.8 妥拉<訴說>篇。

每日: 早晚獻的常祭 (民 28:3-8)
每週: 安息日的獻祭 (民 28:9-10)
每月: 月朔獻祭 (民 28:11-15)
再來就是 各個「節期」的獻祭
逾越節 (民 28:16-25)
七七節 (民 28:26-31)
吹角節 (民 29:1-6)
贖罪日 (民 28:7-11)
最後則是這個預表彌賽亞國度來臨，盛大隆重的 住棚節 (民 28:12-38)

這麼多的「節期」，這麼多的「獻祭」，重點在哪裡，重點就是，我們各人來到這位大君王的萬軍之耶和華面前的時候，不可以雙手空空的，這就是申命記 16:16-17 所說的:

『你一切的男丁要在除酵節、七七節、住棚節，一年三次，在耶和華－你上帝所選擇的地方朝見他，**卻不可空手朝見**。各人 **要按自己的力量，照耶和華－你上帝所賜的福分，奉獻禮物**。』

再來，這些「**節期的獻祭**」乃是要百姓們記念，他們之所以能「前進迦南-得地為業」是因著耶和華神的「**守約**」，以及 **恩典**，所以申命記 9:4-6 這樣說:

『耶和華－你的上帝將這些國民從你面前攆出以後，你心裏不可說:『耶和華將我領進來得這地是因我的義。』其實，耶和華將他們從你面前趕出去是因他們的惡。你進去得他們的地，**並不是因你的義，也不是因你心裏正直**，乃是因這些國民的惡，耶和華－你的上帝將他們從你面前趕出去，又因 **耶和華要堅定他向你列祖亞伯拉罕、以撒、雅各起誓所應許的話**。你當知道，耶和華－你上帝將這美地賜你為業，**並不是因你的義**；你本是硬著頸項的百姓。 』

以色列百姓需要「每日、每週、每月、每年的各節期」獻祭，目的是要他們時常紀念耶和華神，正如申命記 8:18 說的:

『你要記念耶和華－你的上帝，因為 **貨財的力量是他給你的**，為要 **堅定** 他向你列祖 **起誓所立的約**，像今日一樣。』

問題與討論：

1. 在民數記 25:11 這節經文中，有一個字，一連出現三次，就是「忌邪」(קִנְאָה)，這個希伯來字直接翻譯就是 妒忌，或「為...火熱-狂熱」。當經文說<非尼哈>『以神的忌邪 為他的忌邪』、『以神的火熱 為他的火熱』的時候，這句話的意思和背後的涵義指的是什麼？ 另外，當我們說耶和華是「忌邪的神」的時候，這話到底是什麼意思？

2. 在第二段信息「情慾收敗壞」一文中提到，以色列百姓在前進迦南-得地為業之前的「最後一站-最後一刻」，竟是 敗給自己，是 自己跌倒，他們是因著「什麼樣」的事情和罪行而跌倒？ 而這樣的罪行非常具有指標性而且非常嚴重，因為日後以色列的「敗壞-亡國」，歸根結柢，就在於這件事上。

3. 你覺得領導權柄的「傳承和遞交」這件事容不容易？ 從摩西「傳承」給約書亞的例子，可以學到什麼？ 另外，一個好的屬靈領袖需要具備什麼樣的條件和特質？ 請參考民數記 27:15-17 的經文。

4. 本段妥拉的標題叫<非尼哈>，這位「為神火熱」的人物就是這一段妥拉的主角，但在民數記 27 章又另外出現一群同樣是「為神火熱」的女子，就是西羅非哈的五位女兒，為什麼這段妥拉會安插民數記 27:1-11 這段特別的經文敘事，用意是什麼？ 這段經文想要表達什麼信息？

5. 在<非尼哈>這段妥拉的最後: 民數記 28-29 章列出一份非常冗長的「獻祭」總表清單，在這些獻祭中都跟「節期」有密切關係，也就是說，耶和華神非常看重「祂自己的節期」，以至於妥拉來到民數記 28-29 章，還進一步去提醒、去要求以色列百姓 要在耶和華的節期「獻祭」。在神的時間、神的節期、在耶和華神所訂的日子「獻祭」，目的是什麼？ 為什麼耶和華神要人如此行？

民數記 No.9 妥拉
<各支派>篇 (פרשת מטות)

本段妥拉摘要:

民數記第九段妥拉，標題<各支派>，希伯來文(מטות)。按著這段妥拉的標題和篇名<各支派>來思想這段妥拉的主要信息就是:

現在以色列百姓已經來到約旦河東，準備要過河，進入迦南地了，摩西此時希望，以色列全營 12 支派<各支派>都要「合一」、團結一致，齊心向上，要為著「完成」耶和華神給以色列先祖的使命:「得地為業」來繼續征戰，因為這個任務的完成，需要以色列<各支派>的「合一」才能達成，因此，摩西最關心，他始終關心的都是以色列「全營合一」的問題。

雖然已是來到民數記的最後面，<各支派>中還是有一些支派「不合群」，不以大局為重，民數記 32 章提到，呂便支派和迦得支派的人，看到約旦河東的牧場比較廣闊肥沃，所以起心動念，想按著他們自己「人意的」想法，想要先留在約旦河東，不跟其他 10 個支派一起過約旦河。

呂便和迦得支派這樣的想法和舉動，無異「破壞」了以色列<各支派>的合一，和所「應該要完成」的使命和任務，就是要一起共同「前進迦南-得地為業」。

所以，當呂便和迦得支派提出說想要留在約旦河東時，摩西非常憤怒，並嚴詞責備他們說:『難道你們的弟兄去打仗，你們竟坐在這裏嗎？你們為何 **使以色列人灰心喪膽、不過去 進入 耶和華所賜給他們的那地** 呢？』民數記 32:6-7

接著摩西就把過去「探子事件」發生的悲劇和災難，重提一遍，為要嚴重告誡呂便和迦得支派，就是: 你們的所言所行，不要只是為了你們自己的「利益和好處」，只為你們的「牲畜」，你們要「在耶和華神面前」，把神當作你們的神，要把神「放在首位」，勿忘當初耶和華神是如何施行「偉大救贖」，將你們這群以色列百姓「全力搶救」出來，目的就是要你們日後可以「前進迦南-得地為業」，在以色列地過「成聖」生活，成為「列國的光」，這乃是你們以色列<各支派>的使命和呼召。

民數記 No.9 妥拉 <各支派> 篇（פרשת מטות）

經文段落:《民數記》30:1 - 32:42
先知書伴讀:《耶利米書》1:1 - 2:3 [1]、《約書亞記》13:15-33
詩篇伴讀: 111 篇
新約伴讀:《馬太福音》5:33-37

一、 <各支派>的「誓約」

民數記第九段妥拉標題<各支派>。經文段落從民數記 30 章 1 節到 32 章 42 節。
<各支派>這個標題，在民 30:1：

> 『摩西曉諭以色列 各支派 的首領說：
> 「耶和華所吩咐的乃是這樣：」』

> וַיְדַבֵּר מֹשֶׁה אֶל-רָאשֵׁי הַ**מַּטּוֹת** לִבְנֵי יִשְׂרָאֵל לֵאמֹר ׃
> זֶה הַדָּבָר אֲשֶׁר צִוָּה יְהֹוָה

這段妥拉的標題: <各支派> (**מַטּוֹת**) 就是希伯來經文民 30:1 的第五個字，這個字
(**מַטּוֹת**) 就是民數記第九段妥拉的標題。

從<各支派>這個標題來思想這段妥拉經文的主要信息，那就是: 以色列百姓，前
面經過「巴蘭的咒詛」，和「什亭淫亂」事件，結果導致耶和華神以瘟疫懲罰以
色列，但最後還是挺了過來。

現在的以色列，是換血的一代，是新一代的以色列人，他們現在已經在約旦河的
東岸，準備要「前進迦南-得地為業」，所以在最後緊要關頭，大家、全體百姓，
每位以色列成員，各個族長的首領，<各支派> 都要「團結一致、齊心合一」為
著過約旦河，進入迦南地這個以色列「出埃及」的「共同使命-呼召-異象」來委
身，大家都要按著自己，在耶和華神面前，口裡說出的這些「**誓言**」，來「行動」。

---

1   耶利米書的先知書伴讀經文段落，和本段妥拉內容沒有直接關聯，這是因為在埃波月 9 日聖殿
     被毀日之前，猶太人按傳統會讀三份的<斥責>的先知書伴讀 (Haftarahs of Rebuke)，本段為第
     一份。

正如以色列百姓在西奈山和耶和華神立約時，百姓都同聲回答 說：

「凡耶和華所說的，我們都要遵行。」出 19:8

所以，這段妥拉一開始就提到「**誓言、起誓**」的重要性，因為耶和華神非常看重人所「說的話」，來看民 30:2：

『人若向耶和華許願或起誓，
要 **約束** 自己，
就不可 **食言**，
必要按口中所出的一切話行。』

אִישׁ כִּי-יִדֹּר נֶדֶר לַיהוָה אוֹ-הִשָּׁבַע שְׁבֻעָה
לֶאְסֹר אִסָּר עַל-נַפְשׁוֹ
לֹא **יַחֵל** דְּבָרוֹ
כְּכָל-הַיֹּצֵא מִפִּיו יַעֲשֶׂה

所謂的「**約束**」(**לֶאְסֹר**) 這個動詞意思是「**綁住-綁定**」，後面的(**אִסָּר**) 這個名詞意思是立志「**不會去做某些事的許願和約定**」。

因此，和合本翻譯的「約束」自己的「**約束**」希伯來文(**לֶאְסֹר אִסָּר**) 更具體清楚的含意指的就是：人，特別是男人，要「**約束**」自己的肉體情慾、心思意念，不**讓你的感官肉慾去「違反 – 褻瀆」你起的誓、和所許的願**，好比說，現在<各支派>的首領和男人們，都「起誓-許願」要帶領自己的族人，和自己的家庭妻小，一起過約旦河，得地為業，那這些支派的首領和男人們，『就「**不可食言**」，必要按口中所出的一切話行』，這就是 30:2 後半段的經文。

所謂的「**食言**」的「**食**」在希伯來原文中的動詞是(**חלל**)，意思就是「**褻瀆**」，經文之所以會用「語意這麼重」的動詞，這就表示說，神「**看重**」每個人口裡所說的話語，以至於神看「這些話語」為神聖的，因此，當人說出一些話，沒有「言出必行」，反而是「言而無信」的時候，那麼，這個人在神看起來，就是在「**褻瀆**」他自己所說的話。

再回到民 30:2 的經文：

『人 (男人) 若向耶和華許願或起誓，要 **約束** 自己，就不可 **食言**，必要按口中所出的一切話行。』

希伯來文原文的這個「人」(אִישׁ)，指的是 男人。如果接著往下面的經文來看，會發現 30 章的經文，其實是在講述，男人 對女人的保障，做父親，和 做丈夫的，他們的意見，他們「所說的話」是具有「效力-約束力」的。

比如，做 父親 對女兒說話的效力，在民 30:5：

> 『但她 父親 聽見的日子，
> 若不應承 她所許的願和約束自己的話，就都 不得為定；
> 耶和華也必 赦免她，因為 她父親不應承。』

又如做 丈夫的 對妻子說話的效力，在 30:8：

> 『但她 丈夫 聽見的日子，若不應承，
> 就算 廢了 她所許的願和她出口約束自己的冒失話；
> 耶和華也必 赦免她。』

所以，從這裡清楚看到，身為 男人，不論是做父親的，或做丈夫的，要特別「謹慎」自己的「一言一行」，因為男人的角色和位分，是要「保護-守衛」自己的女兒和妻子。

這也就正如這段妥拉的標題<各支派>所揭示的，<各支派>的首領和男丁們，務必要記起「什亭淫亂」的教訓，因為這個災難和傷亡之所以會發生，就是因為有「支派」的首領，也就是西緬支派的一個首領:心利，和以色列的 男人們，沒有「約束」自己的肉體情慾，以至於他們帶給自己的支派宗族，和自己的家庭「災難和傷痛」。

此時<各支派>的首領，和每一個家庭的男人，你們都要「謹言慎行」，一定要誓死「保護-守衛」你們家裡的女人們，你們妻子兒女，要帶著她們一起平安的過約旦河，前進迦南，得地為業，「完成」耶和華神給你們的呼召和使命。

二、 為神征戰

『耶和華吩咐摩西說:你要在米甸人身上 報以色列人的仇 (נְקֹם נִקְמַת בְּנֵי יִשְׂרָאֵל)，後來要歸到你本民那裏。摩西吩咐百姓說:「要從你們中間叫人帶兵器出去攻擊米甸，好在米甸人身上 為耶和華報仇 (לָתֵת נִקְמַת-יְהוָה)。」民 31:1-3

這邊經文提到，耶和華神說要在米甸人身上，報以色列人的仇，這乃是因為米甸女子，「設計」引誘「陷害」讓以色列百姓犯罪，前面在民 25:18 提到:

『因為他們 用詭計擾害你們，在毗珥的事上和他們的姊妹、米甸首領的女兒哥斯比的事上，用這詭計誘惑了你們。』

這裡，我們清楚的看到，耶和華神，祂是一位會「替以色列征戰」，甚至是一位會「替以色列報仇」的上帝，原因很簡單，因為以色列乃是耶和華神「眼中的瞳人」，正如申命記 32:10 說的:

『耶和華遇見他 (以色列) 在曠野－荒涼野獸吼叫之地，就環繞他，看顧他，保護他，如同 保護眼中的瞳人。』

『萬軍之耶和華說，在顯出榮耀之後，差遣我去 懲罰那擄掠你們的列國，
摸你們 (以色列) 的 就是 摸他(耶和華) 眼中的瞳人。』撒迦利亞書 2:8

正因為耶和華神會「保守-護衛」祂的子民，看他們如看「眼中的瞳人」，所以，耶和華神和祂的子民，是絕對不會被「白白挨打」，正好相反，耶和華神是會反擊的，因為，耶和華神是一位「會爭戰」的上帝，關於這一點，當以色列百姓「出埃及-過紅海」時，他們所唱的「海洋之歌」，有一句就是這樣說的，出埃及記 15:3:

『耶和華是 戰士；祂的名是 耶和華。』
יְהוָה אִישׁ מִלְחָמָה יְהוָה שְׁמוֹ

因此，當摩西收到耶和華的通知，說要「為以色列報仇」時，摩西對以色列百姓說的話，卻改成了「要為耶和華報仇」，這就是民 31:3 記載的:

『摩西吩咐百姓說:「要從你們中間叫人帶兵器出去攻擊米甸，
好在米甸人身上 為耶和華報仇。」』

所以這意思也就是說，耶和華神雖然會為以色列報仇，但是「要成就」耶和華神的復仇，乃是你們這群以色列百姓必須「要起來征戰」，起來「為耶和華報仇」。

因此接下來的經文就提到，摩西號召各支派，要派出一千人，出去參與這場與米甸人的征戰，征戰的結果，以色列人大獲全勝，還得來了許多戰利品。

其實這場與米甸人的戰爭，是以色列百姓在過約旦河，進迦南地前所打的「最後一場」戰事，可以說，這場戰事，乃是以色列軍隊過約旦河前的「最後一次」實戰「練兵測試」，為的就是要讓以色列全營，可以進一步達到「統一和團結」的最佳狀態，因為接下來，過約旦河以後，在迦南地還有許多異邦異族、敵人，以及一場又一場的戰事等在前頭。

也正是透過這場「復仇」之戰，耶和華神讓以色列百姓實際地、清楚的知道，耶和華神的計畫和心意，就是要以色列百姓好好的「訓練-整頓-裝備」，為著「進入迦南-得地為業」來警醒和戰鬥。

因為耶和華神就是要祂的百姓，務必「完成」進入迦南，得地為業的呼召和使命。

是的，神的子民，絕對不會被魔鬼撒旦「白白挨打」，神要我們「起來征戰」，是「為神而戰」，當我們起來「為神而戰」的時候，神也會「為我們而戰」。因為羞辱-攻擊神的兒女的，就是羞辱-攻擊上帝的榮耀。

我們的神，乃是「萬軍之耶和華」(יְהוָה צְבָאוֹת) 的上帝。

最後，用以弗所書 6:10-13 這段經文來做一個小結：

『我還有末了的話：你們要靠著主，倚賴他的大能大力作剛強的人。要穿戴上帝所賜的全副軍裝，就能抵擋魔鬼的詭計。因我們並不是與屬血氣的爭戰，乃是與那些執政的、掌權的、管轄這幽暗世界的，以及天空屬靈氣的惡魔爭戰。所以，要拿起 上帝 所賜的全副軍裝，好在磨難的日子 抵擋 仇敵，並且成就了一切，還能站立得住。』

三、 南營的問題

在以色列的四個營當中，比較有問題和麻煩的是 **南營**，就是以雅各肉身「長子」：**呂便** 支派為首的 **呂便** 營。

在民數記開頭，民數記第二章，我們看到，耶和華神吩咐摩西、亞倫要給以色列百姓做徵兵、數點和「營地布署」的工作，2:10-14：

> 『在 **南邊**，按著軍隊是 **呂便** 營的纛。
> ……挨著他安營的是 **西緬** 支派。
> ……又有 **迦得** 支派。』

所以南營的三個支派組成，分別是 **呂便、西緬、迦得** 三個支派。

回顧整卷民數記，看看南營的這三個支派，給以色列全營帶來的一些麻煩，甚至是災難：

首先，在<可拉>篇妥拉，民數記 16 章所記載的「可拉」叛黨，可拉夥同「**呂便**」支派的人，一起聚眾要來挑戰-攻擊摩西的屬靈權柄，這就是民數記 16 章一開始提到的，民 16:1-3：

『利未的曾孫、哥轄的孫子、以斯哈的兒子 **可拉**，和 **呂便** 子孫中以利押的兒子大坍、亞比蘭，與比勒的兒子安，並以色列會中的二百五十個首領，就是有名望選入會中的人，在摩西面前一同起來，聚集攻擊摩西、亞倫。』

可拉 和摩西同是身為 **哥轄** 的後代，說得更具體就是，摩西、亞倫和可拉，他們有「同一個爺爺」哥轄，但可拉認為，憑什麼摩西和亞倫可以有比較大的權柄，而自己卻沒有。所以，可拉「利用」當時百姓對摩西「憤恨不滿的民心」，因為當時才經過「探子事件」不久，可拉想藉此來推翻摩西的領導權，並竊取權柄。

如果，我們看營地分布圖 (圖卡) [2]，利未三族當中的「哥轄族」，正好就是被安置在會幕的南邊，比鄰而居的，正好就是南營的「呂便營」。所以，身為哥轄族的可拉，住在會幕南方，因著地利之便，有比較多的時間和機會，可以和呂便支派的人互通有無。

---

[2] 見本段文本信息的 youtube 影片。

而呂便支派的大坍、亞比蘭，之所以會參與可拉的「叛變」，很有可能也是因為呂便的子孫們，想要趁著可拉的反叛，來重新拾回 12 支派的「**長子領導**」權，因為按著營地的部屬，領導的支派是歸給了雅各的第四個兒子:猶大支派。

所以，就這樣，住在會幕南邊的 **可拉**，和同樣是被安置在南營的 **呂便** 支派便結合成一股「反抗勢力」。當然這個反抗的勢力，最後被耶和華神阻止，因為可拉叛黨，完全出於「人意」、是出於可拉一黨人的「私慾」和「追求權力」而來的分裂力量。

民數記 16 章經文後面記述，可拉和南營的呂便支派叛亂的事情，**給以色列帶來災難**，民 16:49:

『除了因可拉事情死的以外，**遭瘟疫死的**，共有一萬四千七百人。』

可拉和南營呂便支派叛亂的事情結束後，事情並未就此終止，在「**南營-呂便營**」當中，有一股「分裂的酵」正在醞釀當中，它接下來會影響到呂便支派旁邊的兩個支派，「**西緬**」和「**迦得**」支派。

來到<巴勒>篇和<非尼哈>篇這兩段妥拉，在民數記 25 章當中看到，同是「**南營**」的支派領袖，也就是「**西緬**」支派的一個宗族首領，居然公然帶著一個米甸女子，進到以色列的營地當中，完全不顧以色列全營的秩序和聖潔，只是為了想要滿足自己肉體的慾望，結果 又給以色列全營帶來災難。民 25:6-8:

『摩西和以色列全會眾正在會幕門前哭泣的時候，誰知，有以色列中的一個人(西緬支派的心利)，當他們眼前，帶著一個米甸女人到他弟兄那裏去。祭司亞倫的孫子，以利亞撒的兒子非尼哈看見了，就從會中起來，手裏拿著槍，跟隨那以色列人進亭子裏去，便將以色列人和那女人由腹中刺透。這樣，在以色列人中瘟疫就止息了。』

最後，來到<各支派>這段妥拉，透過這個標題正是要告訴我們，神希望在最後關頭，準備要過約旦河時，<各支派>務要團結一志，彼此合一，但結果又有支派有自己的意見和想法出來，仔細一看，這個想要「自我獨立」的聲音又是出自**南營:呂便營**。民 32:1-2,5:

『呂便 子孫和 迦得子孫的牲畜極其眾多;他們看見雅謝地和基列地是可牧放牲畜之地，就來見摩西和祭司以利亞撒，並會眾的首領，說:我們若在你眼前蒙恩，求你把這地給我們為業，不要領我們過約旦河。』

摩西一聽到「**南營**」的這兩個支派: **呂便** 和 **迦得** 支派有這樣的想法和聲音出現的時候感到非常不高興，民 32:6-7：

『摩西對迦得子孫和呂便子孫說：「難道你們的弟兄去打仗，你們竟坐在這裏嗎？**你們** 為何 **使以色列人灰心喪膽、不過去進入耶和華所賜給他們的那地** 呢？」』

從摩西的這段話當中，清楚看到，摩西擔心「**探子事件**」再度重演，所以在接下來的經文民 32:8-15，摩西又鉅細靡遺地向呂便、迦得支派的人，重提當年「**探子事件**」給以色列全體百姓帶來的巨大災難，說到最後，摩西似乎越說越生氣，氣到「嚴詞指責」這兩個支派的人，想要「再次重演」探子事件，再度給以色列全應營釀成災難，摩西這樣說: 民 32:14-15：

『誰知，你們 (**呂便-迦得** 支派) 起來接續先祖，
增添罪人的數目，使耶和華向以色列大發烈怒。
你們若退後不跟從祂 (耶和華神)，
祂還要把以色列人撇在曠野，**便是你們 使這眾民滅亡。**』

「**南營-呂便營**」的問題，從可拉-「**呂便**」支派的「反抗叛亂」、「**西緬**」支派的首領:心利的公然「帶頭行淫」，到現在「**呂便-迦得**」支派的想要先「自行分地」，讓我們清楚地看到，這樣「分裂的酵」是怎樣慢慢地從一個支派，擴散到一整個營，以至於最後這樣「自行分裂」的言論是如何被呂便支派和迦得支派的人「合理化」。

「南營-呂便營」的問題，提醒那些身為屬靈權柄領導的人，必須要注意到一個信仰社群中「分裂-分離」的酵，因為這樣的酵若不即時地、有智慧、有效率的去處理，那將會演變成傷害、災難和分裂。

四、「牲畜」與「應許」

民 32:1 和合本中文聖經的翻譯：

> 『呂便子孫和迦得子孫的 **牲畜** 極其眾多；
> 他們看見雅謝地和基列地是可牧放 **牲畜** 之地，』

וּמִקְנֶה רַב הָיָה לִבְנֵי רְאוּבֵן וְלִבְנֵי-גָד עָצוּם מְאֹד
וַיִּרְאוּ אֶת-אֶרֶץ יַעְזֵר וְאֶת-אֶרֶץ גִּלְעָד וְהִנֵּה הַמָּקוֹם מְקוֹם **מִקְנֶה**

民 32:1 的經文，如果看希伯來文，這一節經文的第一個字，和最後一個字，都是這個 (**מִקְנֶה**)「**牲畜**」。若按希伯來原文的「詞序」來重新翻譯 32:1 的經文，那就會是：

> 『**牲畜** 很多，是呂便子孫和迦得子孫有的，非常大量。
> 他們看到雅謝地和基列地，看哪就是這樣的地方，一個地方(可放牧) **牲畜**。』

民 32:1 起頭講到 **牲畜**，結尾也是 **牲畜**，經文這樣的「詞序」安排清楚地預告，接下來呂便和迦得這兩個支派的人，會為了自己的「**牲畜**」，而要來和摩西爭取約旦河東的土地，甚至還有可能，「不和」以色列全營一起過約旦河進去迦南地，來「實現-成就」耶和華神的應許。

正如 32 章的經文所告訴我們的，當呂便和迦得支派開口說要「留在」約旦河東的土地上居住和放牧牲畜時，摩西是非常憤怒的，因為摩西認為他們 因為「眼前」肥沃廣闊的牧場，而「放棄」和華神所「應許」的迦南地。

呂便和迦得支派，為了自己「**眾多的牲畜**」，而寧願留在約旦河東，不想要和其餘的<各支派>「一起進入」應許之地，這一點正好反映在經文當中，在經文裡面，我們會看到，**兩個支派居然看「牲畜」要來的比「婦女孩童」還來得重要**，民 32:16：

『兩支派的人挨近摩西，說：「我們要在這裏為 **牲畜** 壘圈，為 **婦人孩子** 造城。』

這裡，呂便和迦得支派在對摩西說的時候，先提到他們首要關注的 眾多「**牲畜**」，然後才是 「**婦人孩子**」。

摩西看到這兩個支派滿腦子在乎的只是自己的物質財富、自己的「牲畜」，但卻

不願意帶著自己的「婦人孩子」一起過約旦河，進入迦南地，讓孩童們將來長大後可以在迦南地「傳承」信仰。所以，當摩西回答他們的時候，**就改變了詞序**，叫這兩支派的男人，**要「首先關注」**自己的妻子兒女，然後才是牲畜，民 32:24：

『如今你們口中所出的，只管去行，
為你們的 **婦人孩子** 造城，為你們的 **羊群** 壘圈。』

這裡，民 32:24，摩西先提到的是「**婦人孩子**」，然後才講到羊群。摩西的用心良苦，兩個支派似乎意會到了，所以，在接下來的 25-26 節中，迦得子孫和呂便子孫對摩西說：「僕人要照我主所吩咐的去行。我們的 **妻子、孩子、羊群**，和所有的牲畜都要留在基列的各城。」兩支派的人，調整了先後順序，他們先提到「**妻子、孩子**」，然後才是牲畜。

從剛剛讀的經文中，知道一件事情，那就是：摩西要呂便和迦得支派的人，**更多關注自己的 子女、孩童**，那是因為，**只有你自己的「後代子孫」，可以「傳承-傳遞」信仰和真理**，至於你們養的那些眾多的牲畜，牛群羊群死了以後，什麼也沒有留下。

事實上，太過關注於物質財富，也容易帶來信仰的腐化和道德的敗壞，羅得，和他的叔叔亞伯拉罕分道揚鑣是最好的例子，羅得因為眼前肥沃的索多瑪平原，而「離開「敗壞-毀滅」的道路上。

回到民數記，我們可以問，為什麼耶和華神的心意和計畫，原本是沒有要把約旦河東肥沃的平原給以色列人，那是因為：約旦河東的平原，雖然物質生活優渥，但是當遇到戰事，打仗時「難以防守」，平原的地形四周圍沒有天然屏障。

雖然如此，呂便和迦得支派，以及瑪拿西半支派還是堅持留在約旦河東，為了眼前肥沃的平原、廣大的牧場、眾多的牲畜，他們最終選擇留在約旦河東，但最後的結局呢？歷代志上 5:25-56：

『他們 **得罪了他們列祖的上帝，隨從那地之民的神行邪淫**；這民就是上帝在他們面前所除滅的。故此，以色列的上帝激動亞述王普勒和亞述王提革拉・毗列色的心，他們就把 **呂便人、迦得人、瑪拿西半支派的人** 擄到哈臘、哈博、哈拉與歌散河邊，直到今日還在那裏。』

我們也可以問問自己，在我們的生命中，我們只看重自己的「物質財富」，還是更要在意「神給我們的應許」？

五、 在耶和華面前

在前面的妥拉篇章已經提過,在妥拉(摩西五經) 的經文中,有一種經常出現的修辭格式,叫做「**一詞七現**」,就是一個詞組,或句子,在一段經文敘事的段落中重複出現「七次」。[3]

在<**各支派**>這段妥拉中,**民數記 32:20-32 節** 這段經文敘事中,摩西「嚴詞提醒」呂便和迦得支派,他們要為他們的所作所為「**在耶和華面前**」負責,同時也提醒這兩個支派的人,要看重耶和華神「所應許的」,因為這兩個支派的人,在「眼前看到」約旦河東的肥沃平原和牧場,就把耶和華「神所應許」的迦南地「拋諸腦後」,

民數記 32 章起始,當呂便和迦得支派在對摩西說話,談到想要留在約旦河東,放牧「自己的牲畜」時,「**隻字不提**」耶和華神,完全沒有談到耶和華神的旨意和計畫。

因此,在民 32:20-32 這段經文敘事中,摩西就提醒他們,不要忘記耶和華神,你們呂便和迦得支派,所行的一切,都要「**在耶和華面前**」負責。所以經文為了凸顯「**在耶和華面前**」(לִפְנֵי יְהוָה) 的這一強烈主題和信息,就出現了前文我們說的「**一詞七現**」的修辭格式。

底下,來看經文:

20 摩西對他們說:「你們若這樣行,**在耶和華面前** 帶著兵器出去打仗。
21 所有帶兵器的人都要 **在耶和華面前** 過約旦河。
22 那地 **在耶和華面前** 被制伏,然後你們可以回來……,這地也必 **在耶和華面前** 歸你們為業。
27 但你的僕人……都要照我主所說的話,**在耶和華面前** 過去打仗
29 迦得子孫和呂便子孫,凡帶兵器 **在耶和華面前** 去打仗的
32 我們要帶兵器,**在耶和華面前** 過去,進入迦南地

是的,『**在耶和華面前 (לִפְנֵי יְהוָה)** 』

---

[3] 關於「一詞七現」的修辭,同參《奧秘之鑰-解鎖妥拉:利未記》No.2 妥拉<吩咐/命令>篇之第五段「照神所吩咐的行」、《奧秘之鑰-解鎖妥拉:利未記》No.6 妥拉<死了之後>篇之第一段「靈命大檢修」、《奧秘之鑰-解鎖妥拉:利未記》No.10 妥拉<在我的律例>篇之第四段「祝福與咒詛」、《奧秘之鑰-解鎖妥拉:民數記》No.3 妥拉<燃起-上行>篇之第二段「雲彩收上去」。

在以色列全營，全體百姓，12 支派的人都準備要過約旦河，進迦南地時，摩西自然希望<各支派>，摩西熱切的盼望，他可以親眼目睹，以色列全營能順利的過約旦河，完成摩西人生在世的使命。

因此，當呂便和迦得支派，在此時突然說不想過河，想留在約旦河東的時候，摩西立刻就嚴詞警告他們，**不可以為了自己的牲畜，為了自己的利益和好處，而獨自留在約旦河東，不和其他支派的男丁一去過約旦河，一起征戰。**

你們呂便和迦得支派，也是以色列全營的一份子，都必須要「**在耶和華面前**」共同肩負完成「前進迦南-得地為業」的使命和任務，因為你們，並不是為你們自己負責，你們乃是要「**為神負責**」。

所以，這也就給出一個很重要的提醒，那就是：在一個信仰社群中，我們每個人若是單以「自己的好處-利益」為重，那很有可能，就會讓神所要成就的大事被犧牲掉，或無法成就。

因此，時刻提醒自己，不論大事小事，我們的一言一行，所作所為，**都要想到神，要「在耶和華面前」，讓神來鑒察我們**，看看我們所思所行的，是否都討主的悅納？

最後，以詩篇 16:7-8 這段經文，來做一個小結：

> 『我必稱頌 那指教我的 耶和華；我的心腸 在夜間 也警戒我。
> **我將耶和華 常擺在我面前**，因祂在我右邊，我便不致搖動。』

問題與討論：

1. <各支派>這段妥拉一開始就提及: 男人所說的話、所發出的「**誓言和誓約**」，這和本段妥拉的標題<各支派>有何關聯？ 以及,耶和華神為何這麼嚴肅地看待人口裡所出的一切話？

2. 民數記 31:1-3：『耶和華吩咐摩西說：你要在米甸人身上 **報以色列人的仇**。摩西吩咐百姓說：「要從你們中間叫人帶兵器出去攻擊米甸,好在米甸人身上 **為耶和華報仇**。』在這段經文中,當摩西收到耶和華的通知,說要「**為以色列報仇**」的時候,摩西再轉告以色列百姓說的話卻改成「**要為耶和華報仇**」,摩西這樣「修改」耶和華神的話有何用意？

3. 在以色列的四個營當中,比較有問題和麻煩的是「哪一個營」？ 這個營裡面的「三個支派」在民數記當中,各出現過什麼樣的問題和狀況？ 為什麼他們會出現這些問題和狀況？

4. 在第四段信息「**牲畜與應許**」一文中提到,呂便和迦得這兩個支派的人,竟然為了自己的 **牲畜**,而想留在約旦河東,不過約旦河、進入迦南地、得地為業,簡言之就是「丟棄」耶和華神所給他們的 **應許**。如果是你,在重要的人生關卡和抉擇,你會選擇 **牲畜** (眼前的物質-利益-好處),還是神的 **應許** (長遠的產業傳承)？

5. 在 **民數記 32:20-32** 這段經文敘事中,出現妥拉經常使用的「**一詞七現**」的修辭格式,這個一詞七現的的「詞組」是什麼？ 它是要強調出什麼樣的重要信息和主題？

民數記 **No.10** 妥拉

<總路程>篇 (**פרשת מטות**)

本段妥拉摘要:

民數記第十段妥拉,標題<**總路程**>,希伯來文(**מַסְעֵי**)。按著此標題<**總路程**>來說,顧名思義就是摩西帶領新一代的以色列百姓,一起來回顧,過去 40 年來他們<在曠野>所經過、漂流的每一個站口,從民 33:5 一直記到 49 節:『以色列人從 **蘭塞** 起行,安營在疏割。……他們在 **摩押平原** 沿約旦河邊安營。』

從埃及的蘭賽到約旦河東岸的摩押平原,按民數記 33 章的經文紀載,一共有 42 個站口,42 個以色列百姓曾經安營和經過的地方,其實當摩西在回顧,提到這些「地方的名字」時,肯定會勾起許多過往「痛苦-哀傷」的回憶,因為很多地方都是標誌著以色列百姓「爭鬧-抱怨-不信」,然後帶來「分裂-災難」事件發生的地點,譬如說瑪拉、利非訂、基博羅‧哈他瓦……等等。

為什麼摩西需要帶領新一代的以色列百姓「去回顧」這段不堪回首的過去,其實是要以色列百姓「去記住」過往他們所走過的每一步路、每一個挑戰、每一個艱難,和所犯的每一個過錯、每一個失誤,摩西,或者說耶和華神,要百姓們從這些錯誤和痛苦當中,記取教訓,不再重蹈覆轍,重複上一代以色列人所犯的過錯。

因為,現在這群新以色列人,準備要在約書亞的帶領之下「前進迦南-得地為業」,繼續征戰。

所以,在進入應許地前,每個人「回顧」過去所走過的<**總路程**>,反省過去,生命蛻變,突破更新,因而能「展望」未來,繼續勇敢地,向著人生的應許之地大步前進。

民數記 No.10 妥拉 <總路程> 篇 （פרשת מסעי）

經文段落：《民數記》33:1 - 36:13
先知書伴讀：《耶利米書》2:4-28、3:4、4:1-2 [1]、《約書亞記》19:51 - 21:3
詩篇伴讀: 49 篇
新約伴讀:《雅各書》4:1-12

一、 起初的火熱

民數記第十段妥拉標題<總路程>。經文段落從民數記 33 章 1 節到 36 章 13 節。
<總路程>這個標題，在和合本中文聖經，民 33:1：

『以色列人按著軍隊，在摩西、亞倫的手下出埃及地所行的 (總)路程 記在下面。』
אֵלֶּה מַסְעֵי בְנֵי-יִשְׂרָאֵל אֲשֶׁר יָצְאוּ מֵאֶרֶץ מִצְרַיִם לְצִבְאֹתָם בְּיַד-מֹשֶׁה וְאַהֲרֹן

這段妥拉的標題: <總路程> (מַסְעֵי) 就是希伯來經文民 33:1 的第二個字，這個字
(מַסְעֵי) 就是民數記第十段妥拉的標題。

<總路程>這個標題，作為民數記「最後一段」妥拉的篇名真是最適合不過，因
為現在，摩西已經帶領以色列百姓，花了將近 40 年的時間，跌跌撞撞，千辛萬
苦，跋山涉水，從埃及的蘭賽，最後總算來到摩押平原，安營在約旦河邊，耶利
哥的對面，準備過河，進入應許之地。

試著想像一下當時的場景，摩西號召以色列全會眾，在眾人面前，發表他離世前
的「最後演講」，因為在民數記 27 章，已經提到約書亞將會繼承摩西的屬靈-領
導權柄，要繼續帶領以色列百姓「前進迦南-得地為業」。

而在最後，過約旦河前，摩西一定有些重要的話，是要來提醒和告誡這些準備過
約旦河，進入迦南地，繼續「前行征戰」的以色列人，來看民數記 33 章的開頭
，民 33:2-4：

---

[1] 耶利米書的先知書伴讀經文段落，和本段妥拉內容沒有直接關聯，這是因為在埃波月 9 日聖殿
被毀日之前，猶太人按傳統會讀三份的<斥責>的先知書伴讀 (Haftarahs of Rebuke)，本段為第
二份。

『摩西遵著耶和華的吩咐記載他們所行的<總路程>，其路程乃是這樣：

正月十五日，就是 逾越節 的次日，以色列人從蘭塞起行，

在一切埃及人眼前昂然無懼地出去。

那時，埃及人正葬埋他們的長子，就是 耶和華在他們中間所擊殺的；

耶和華也 敗壞/審判 他們的諸神。』

在民 33:2-4 這段經文中，摩西再一次地告訴以色列百姓，你們之所以必須「出埃及」，能夠「出埃及」的緣由。

你們以色列百姓，能夠出埃及，以至於可以走到今日，來到約旦河東，準備要進入應許地，這乃是因為你們先祖的神:亞伯拉罕-以撒-雅各的神，祂「紀念」祂與你們先祖「所立的約」，所以祂才下來拯救你們，正如出埃及記 2:24-25 所說：

『上帝 聽見 (וַיִּשְׁמַע) 他們的哀聲，

就 記念 (וַיִּזְכֹּר) 他與亞伯拉罕、以撒、雅各所立的約。

上帝 看顧 (וַיַּרְא) 以色列人，

也 知道 (וַיֵּדַע) 他們的 苦情。』

וַיִּשְׁמַע אֱלֹהִים אֶת-נַאֲקָתָם

וַיִּזְכֹּר אֱלֹהִים אֶת-בְּרִיתוֹ אֶת-אַבְרָהָם אֶת-יִצְחָק וְאֶת-יַעֲקֹב

וַיַּרְא אֱלֹהִים אֶת-בְּנֵי יִשְׂרָאֵל

וַיֵּדַע אֱלֹהִים

經文一連用了四個動詞: 聽見(וַיִּשְׁמַע)、紀念(וַיִּזְכֹּר)、看顧(וַיַּרְא)、知道(וַיֵּדַע)，表達出耶和華神的「我在」(אֶהְיֶה) 的名號和屬性，英文翻譯就是 I am. 我耶和華神與你們以色列「同在」，我會保守你們、看顧你們、護衛你們，因為「我在」，我自始至終都在。[2]

正因耶和華神要你們以色列百姓脫離法老「控制-奴役」的罪惡權勢，不再成為「罪惡的奴僕」，所以，神要你們離開埃及，必須「出埃及」。

但法老罪惡權勢之大，以色列人沒辦法靠自己救贖自己，他們沒有能力用自己的力量，來推翻打倒法老和埃及帝國的勢力和權力，所以耶和華神施行十災，來懲罰法老，粉碎埃及帝國，讓以色列百姓「能夠-可以」平安的出埃及，出埃及記 12:42：

---

[2] 關於耶和華之「我是自有永有/我在」的名字分析，詳參《奧秘之鑰-解鎖妥拉: 出埃及記》No.1 妥拉 <名字>篇之「耶和華的名: 亞伯拉罕-以撒-雅各的神」。

『這夜 是耶和華保守的夜，(因為) 祂領他們出了埃及地，
這是所有以色列人世世代代該 向耶和華謹守的這一夜。』

לֵיל שִׁמֻּרִים הוּא לַיהוָה לְהוֹצִיאָם מֵאֶרֶץ מִצְרָיִם
הוּא-הַלַּיְלָה הַזֶּה לַיהוָה שִׁמֻּרִים לְכָל-בְּנֵי יִשְׂרָאֵל לְדֹרֹתָם

看到出 12:42 這節經文，講得特別的感人，這裡說到，以色列百姓出埃及的「那個夜晚」，是耶和華神「特別保守」的夜晚，一個特別「看顧-保護-守衛」的夜晚，目的就是為了要讓以色列人平安順利地「離開」埃及這個「罪惡權勢-奴役管轄」之地。

為了以色列後世子孫、世世代代可以「紀念」並「見證」耶和華神大能的手，使以色列人可以「出埃及」的這個救贖事件，所以才有了「逾越節」，這個耶和華神的第一個節期，這是一個標誌著：『戰勝黑暗權勢、靈命得重生、生命得翻轉』的偉大節期。

因此，再回到前文一開始讀的民 33:3-4 的經文：

『正月十五日，就是 逾越節 的次日，以色列人從蘭塞起行，在一切埃及人眼前昂然無懼地出去。那時，埃及人正葬埋他們的長子，就是 耶和華在他們中間所擊殺的；耶和華也 敗壞/審判 他們的神。』

這段話，作為摩西在回顧<總路程>一開始所說的話，其實真是語重心長，摩西是在告訴新一代的以色列百姓，你們不要忘記「起初的火熱」，不要忘記「起初的愛」，起初神對你們的「大愛」，耶和華神對你們的「厚恩」，祂所對你們施展的神蹟奇事和「偉大救贖」，因為耶和華為了你們，不惜「粉碎-擊垮」一個帝國，使埃及人所有頭生的長子都被擊殺，為的就是要「全力搶救」你們，目的是要你們「生命得救、靈命更新」，不再做罪惡的奴僕，而是要「走向自由、邁向成聖」。

你們之所以今日能夠走到如今，來到摩押平原，安營在約旦河邊，耶利哥的對面，準備要過河，進入應之地，那是因為耶和華神的「恩典-保守」、祂一路上的「護衛-同在」。那是因為，神要你們知道，你們這些百姓乃是領受 一個特別的「呼召和使命」，要來「成就」神國偉大的工作。

二、 考驗信心的路程

『法老<容百姓去>的時候，非利士地的道路 雖近，上帝卻不領他們從那裏走；因為上帝說：「恐怕百姓遇見打仗後悔，就回埃及去。」所以 上帝 領百姓 繞道而行，走紅海 曠野 的路。』出埃及記 13:17-18

在民數記最後一段妥拉，經文帶我們回顧過去 40 年來，以色列百姓從出埃及到現在，在約旦河東岸，所經過的 <總路程>。

正如出埃及記 13:17 的經文所述，其實從埃及到迦南地的「**地理上的距離**」並不**遙遠**，按著古時乘坐沙漠之舟:駱駝交通的時間，那也不過是幾週的時間。在創世記，亞伯拉罕、約瑟、和約瑟的哥哥們，都可以經常很方便地下到埃及、再回到迦南地。

但是以色列百姓從埃及上到迦南地，**卻花上 40 年，幾乎是用了「一個世代」、「半個世紀」**，以色列百姓最後才好不容易的來到約旦河邊，準備進入「應許」地: 迦南地。

<總路程>這段妥拉一開始，在民數記 33 章經文花一整章的篇幅，一一地、鉅細靡遺地去「記述-回顧」以色列百姓所「安營-駐紮」過的地點，之所以要這麼詳細的去記錄這些路程的細節，共 42 個站點，如此多的站點，乃是要提醒以色列人，並且也告訴讀者一件事、一個重要的道理，那就是:

『從奴役走向自由』，這條「邁向成聖」的「上行」之路，**絕對不是一蹴可幾的，這乃是要經過一連串的起起伏伏、上上下下、許多次的跌倒、再爬起、摔倒，再站起來「長時間」的「磨練」過程。**

我們各人在回想過往走過的生命道路的時候，也是如此，在我們進入命定，走到成功的目的地「之前」，也是這樣經歷許多「顛簸、起伏、試煉、挑戰」，然後從這些挫折、失敗的經驗中，去學習成長。

在 33 章當中，摩西所回顧的這些地點，很多地方也讓讀者回想起，過去以色列百姓『信心軟弱、發怨言，然後耶和華神 就供應』這樣的模式。

譬如，在民 33:8 提到的 **瑪拉**：
『從比·哈希錄對面起行，經過海中到了書珥曠野，又在伊坦的曠野走了三天的

路程，就安營在 瑪拉。』

這個 瑪拉，若回去看出埃及記，這是以色列百姓出埃及-過紅海後，第一次向摩西發怨言的地方，出埃及記 15:23-24：

『到了 瑪拉，不能喝那裏的水；因為水苦，所以那地名叫 瑪拉。百姓就向摩西發怨言，說：「我們喝甚麼呢？」』

然後，耶和華神沒有因為百姓的怨言責備或懲罰以色列民，接下來經文記載，神使水變甜，讓百姓可以喝水，出埃及記 15:25-26：

『摩西呼求耶和華，耶和華指示他一棵樹。他把樹丟在水裏，水就變甜了。 耶和華在那裏為他們定了 律例、典章，在那裏試驗他們；又說：「你若留意聽耶和華－你上帝的話，又行我眼中看為正的事，留心聽我的誠命，守我一切的律例，我就不將所加與埃及人的疾病加在你身上，因為 我－耶和華是醫治你的。 」』

在出埃及記裡面，百姓抱怨沒水喝、沒東西吃的時候，耶和華神會供應他們，因為此時的以色列百姓還像是個屬靈嬰孩一般。

可是經過利未記，來到民數記以後，情況就不同了，當百姓「又抱怨」時，耶和華神開始會「降災懲罰」，為什麼在民數記的耶和華神「會懲罰」以色列百姓呢？

因為耶和華神「已經教導」百姓一切的「誠命-律例-典章」，也「已經供應」百姓一切所需，而且營地中央也有 會幕 這個「神的居所」，代表 神隨時的「護衛-同在」，可是儘管如此，以色列百姓對耶和華神的信心還是很小，還是經常抱怨，還是常常爭鬧著說想要「回埃及」去。

因此，當「探子事件」發生，以及後來的「可拉叛黨」，耶和華神知道，這個「出埃及」的世代，奴性 還是很重，他們的生命仍然沒有，或者說「不願意」被建造成一個，具備「走向自由」、「承擔自由」的「勇氣-能力」的神國精兵和軍隊。

於是，這個走向自由、「前進迦南-得地為業」的任務和使命，就只能由「下一個世代」的新以色列人，這一批在曠野中出生和長大的以色列人來繼承，並且完成。

是的，在民數記這卷書裡面，所給我們的一個很深刻的提醒就是：在出埃及的上行-成聖的<總路程>當中，除了神「已經給予」的供應-護衛之外，我們自己「也要起來」，也要願意「突破」自己的生命，要對神有信心，勇敢地走上在這條考

驗信心、前進迦南、得地為業的<總路程>，儘管這個路程是一條「漫長」的成聖之路，但我們相信，最後一定會抵達終點，進入應許之地，就像以色列百姓一樣。

三、「冤冤相報」何時了

『耶和華曉諭摩西說：你吩咐以色列人說：你們過約旦河，進了迦南地，就要分出幾座城，為你們作 逃城 (עָרֵי מִקְלָט)，使 誤殺人的 可以逃到那裏。這些城可以作 逃避報仇人的城，使 誤殺人的 不至於死，等他站在會眾面前聽審判。』民 35:9-12

「逃城」的設立，是在防範，將來以色列百姓進入迦南地以後，若是在境內，在以色列的社會內部發生「誤殺」的案件，或「過失殺人」的事件時，為了不要讓這個誤殺的人被「報血仇」，以至於 又多留了「無辜人的血」，所制定出的一個制度。

這個「逃城」制度，目的就是要預防雙方彼此「互相報仇」，也就是 冤冤相報「何時了」的一種「惡性循環」的狀態。

因為假如說一個人「誤殺」或因「過失」，而不小心造成另一個人的死亡，若照私下的解決方式想要「復仇」，就是這個被誤殺的人的親朋好友，也起來把「這個誤殺的人」給殺掉，那麼這位誤殺者的親戚家屬也會起來尋仇，要把這個「殺掉」誤殺者的「兇手」找出來殺掉的話，那這樣，就會造成一種很恐怖的狀況，就是前文說的: 冤冤相報「何時了」的「惡性循環」。

耶和華神不希望將來以色列百姓進到「應許之地」，有這樣社會內部緊張和「彼此仇恨」的情況產生，所以才吩咐摩西要設立 逃城，澈底杜絕這種「冤冤相報」無止境循環的絕境。

另方面，逃城 設立背後的精神，最主要還是因為，迦南地，是耶和華神「特別揀選」，要給以色列百姓承受做為「永久產業」的居住之地，以色列要在這塊土地上，按著耶和華神所頒布的一切誡命、律例、典章和法度來治理、來生活，如此才能成為列國的典範、列國的光。

以色列必須要如此做，他們必須要在這塊應許之地上「成聖-聖潔」的一個更重要的原因是因為， 耶和華神「特意揀選」這塊地:以色列地，要來做為 祂「榮耀顯現-同在居住」之地 [3]，因此，神不允許人「玷污」那塊地 [4]，或是在那塊地上有「兇殺-報仇」的罪惡，和留「無辜人之血」的事情發生，這就是民 35:33-34 說的：

『這樣，你們就不污穢所住之地，因為血是污穢地的；
若有在地上流人血的，非流那殺人者的血，那地就不得潔淨。
你們不可玷污 所住之地，
就是 我住在其中之地，因為 我－耶和華住在以色列人中間。』

34 節講得很清楚，耶和華神直接對摩西說，祂自己就「住在」以色地當中，當然，也「住在」以色列百姓的中間。

關於「以色列地」的獨特性，和耶和華神在列邦萬國，在天下之下會「特別看顧」、「細心看守」這塊土地，筆者在利未記的第六段妥拉<死了之後>篇的第五段信息「聖地與聖潔」、以及利未記的第七段妥拉<成聖>篇的第五段信息「聖地與以色列民」都有詳細的討論。如申命記 11:11-12 節所說：

『你們要過去得為業的 那地 乃是有山有谷、雨水滋潤之地，
是耶和華－你上帝 所眷顧的 (所要求的) [5]；
從歲首到年終，耶和華－你上帝的眼目 時常看顧那地。』

---

[3] 關於耶和華神在地上的居所，詳參《奧秘之鑰-解鎖妥拉:申命記》No.4 妥拉<看哪>篇之第二段「立為祂名的居所」。

[4] 關於以色列地的「獨特性」和其「聖潔」的要求，詳參《奧秘之鑰-解鎖妥拉:利未記》No.6 妥拉<死了之後篇>之第五段「聖地與聖潔」、《奧秘之鑰-解鎖妥拉:利未記》No.7 妥拉<成聖>篇之第五段「聖地與以色列民」。

[5] 「所眷顧的」希伯來原文(דֹרֵשׁ) 翻的更白話些就是「要求」，英文 demand. 這意思也就是說，耶和華神祂會特別「要求」這塊土地的「聖潔」，耶和華神會「要求-監督」在這塊土地上「生活的居民」，有沒有按著神所訂定的「公平-正義」的律例、法度來治理和生活。

四、「具體的」以色列疆界

『耶和華在摩押平原－約旦河邊、耶利哥對面這樣對摩西說:
你們要奪那地，住在其中，**因我 把 那地 賜給你們為業。**』民 33:53

來到民數記最後一段妥拉<**總路程**>，在民數記 34 章，這是妥拉(摩西五經) 首次 **具體的描繪到應許之地的「地理疆界」**，34 章的經文清楚的告訴我們，以色列地、應許之地、或者我們說迦南美地，這塊耶和華神特意「分別出來」要給以色列百姓來繼承的「永久地業」，**它是「真實存在」、「具體存在」的。**

當然，它的確是存在的。

因為在創世記裡面，耶和華神反覆地，向以色列的先祖們:亞伯拉罕、以撒、雅各啟示和顯現，並且與他們「**起誓-立約**」，不斷地「**重申-應許**」他們，將來會有後裔，和一塊土地，也就是迦南地。

來到出埃及記,摩西被耶和華神呼召,於是就展開了一趟帶領以色列人「**出埃及**」**、前進迦南-得地為業**的「**回歸-回家**」之路,目的地,當然就是先前耶和華神所要應許給亞伯拉罕、以撒、雅各的土地:迦南地。

而現在,來到民數記的結尾,此時以色列百姓來到約旦河邊,準備要過河,進入迦南地之前,耶和華神就告訴摩西,將來以色列人**所要承接的地業的「具體疆界」**是從哪裡到哪裡,神給摩西描繪出了 一個清楚的以色列的生活版圖。

只是,弔詭的是,在悠久的以色列民族史上,猶太人很少住在以色列地的境內,他們大多數的時間,都「**流亡**」在以色列地境外,不斷地在世界各地「**遷徙-移動**」,

這其實就很像是民數記最後的這一段妥拉<**總路程**>一開始,民數記 33 章所記載的這樣,以色列百姓在最終的「集體回歸」、「全數進入」迦南地之前,他們是一站又一站的「起行-安營」,一個地方又一個地方的「搬遷-駐紮」,他們不斷的處在「四處移動」、「飄盪流離」的過程當中,這就是民數記 33 章裡面經文記述出現的一個格式:

『 從 哪裡 起行，又 安營 在什麼地方 』

『以色列人 從 蘭塞 起行，安營 在疏割。

從 疏割 起行，安營 在曠野邊的以倘。』民 33:5-6

וַיִּסְעוּ בְנֵי-יִשְׂרָאֵל מֵרַעְמְסֵס וַיַּחֲנוּ בְּסֻכֹּת.
וַיִּסְעוּ מִסֻּכֹּת וַיַּחֲנוּ בְאֵתָם אֲשֶׁר בִּקְצֵה הַמִּדְבָּר

接下去所記錄的一長串以色列百姓經過的各站口，經文都是用這個『從……起行，安營在……』，希伯來文就是 (וַיִּסְעוּ... וַיַּחֲנוּ)

其實，民數記 33 章記載以色列人「所經過、遷徙的」各站口，就很像是日後以色列被「趕散-流亡」，在世界各地「漂泊-流盪」的一個預表和縮影。

猶太人中世紀在西班牙受迫害了，就遷徙，搬遷到北非和其他地方、猶太人在東歐被逼迫了，就舉家搬遷，逃亡到美國、20 世紀的納粹迫害，德國的猶太人也四處逃亡，有逃到英國的、有流亡到美國，有去澳洲的，甚至還有坐船到當時的中國上海來避難的。

一直到 1948 年，以色列復國，大規模的海外-離散的猶太人，就一波又一波的「集體回歸」到以色列地境內，這是歷史上前所未見的事情，一個民族的重生，一個民族的人口「大量回歸」。

簡單羅列一下以色列 1948 年復國之後，所經歷的幾次重大的回歸潮，就是由以色列政府所擘劃的，祕密地開民航機，去將海外的猶太人載回以色列的「回歸行動」和任務:

1. 1949-1950 年的「飛毯 (雄鷹)」行動 (מבצע על כנפי נשרים):有大約 49,000 葉門猶太人回歸到以色列。
2. 1950-1952 年的「以斯拉與尼希米」行動 (מבצע עזרא ונחמיה)，又稱「巴比倫」行動:，有 120,000 伊拉克猶太人回歸以色列。
3. 1990 年代，有這「出埃及」行動 (העלייה מברית המועצות לשעבר בשנות ה-90): 當時，約有一百萬的前蘇聯的俄羅斯猶太人回歸到以色列。
4. 1991 年的「所羅門」行動 (מבצע שלמה)，在 1991 年的 5 月 24-25 日。有大約 14,400 衣索比亞猶太人被以色列政府載回以色列。

上面之所以要提到這幾次「大規模-集體」的猶太人的回歸潮，其實目的只是要說明一個事實，那就是: 如果耶和華神沒有應許以色列百姓有一個「具體的」以色列地，一個在地球上，「在地理」上「真實存在」的疆界和土地的話，那麼以色列餘民的「回歸」這件事情就絕對不可能會發生。

就正如民數記最後一段妥拉<**總路程**>所告訴我們的，雖然以色列百姓行經 42 個站口，<在曠野> 四處遷徙、搬遷移動，但他們最後終究來到約旦河東岸，安營在摩押平原約旦河邊、耶利哥對面，準備要過河，「前進迦南-得地為業」。

以色列百姓、猶太人，不論過去有多麼長的時間，有 2000 年的時間被四處「趕散」，「流亡」在外，**但耶和華神始終都「沒有忘記-遺棄」祂的子民**，因為在 21 世紀的今天，我們又看到 **耶和華神帶領祂的百姓:以色列「回到」故土。**

這就好像是民數記的<**總路程**>一般，雖然過去 40 年<在曠野>漂流的日子有許多的挫敗、攻擊、悲劇、災難、甚至是死亡，可是最終，因著耶和華神的「保守-護衛」，以色列人現在，準備就要「回歸-進入」應許之地了。

五、「渴望進入」應許地

若稍微回顧一下整卷民數記的發展脈絡，會發現它是一部充滿「**挫折-失敗**」的旅途，它記載以色列百姓<在曠野>步履蹣跚，跌跌撞撞，和漂流-浪蕩的經過。

民數記開篇 (民數記 1-4 章) 雖然是以「數點百姓、徵兵、營地布署」開始，看似以色列百姓準備好要整裝待發，往「前進迦南-得地為業」的旅途做好戰鬥預備。

然後，民數記 6 章，耶和華神看到以色列全營 12 支派都「同心合一」，為著進入應許地而擺上付出和委身，所以贏得了耶和華神的祝福:「大祭司的祝福」。

接著民數記第 10 章，就提到:以色列要進行出埃及的「下半場」的行程，他們要拔營離開西奈山，繼續往迦南地挺進，就是民數記 10:13 所說的，「初次往前行」。

但才「拔營-起行」沒多久，民數記 11 章開始，以色列百姓就開始抱怨了，有「**他備拉**」事件、「**基博羅哈他瓦**」事件。

民數記 12 章，甚至連摩西的哥哥和姊姊:亞倫和米利暗也起來「毀謗」摩西。

到了民數記 14 章，發生「**探子**」事件，這是整卷民數記以色列百姓命運的一個

分水嶺，因為自從「探子事件」後，以色列全營的狀況和氣勢就 **每況愈下，急 遽惡化**，也正是在「探子事件」當中，耶和華神宣判，**離開埃及的這個世代的以 色列百姓，一個都「不得進入」迦南地**，除了約書亞和迦勒。

接著，民數記 16 章，<可拉>起來，利用此時以色列百姓對於摩西的「民怨」， 要來做「叛變」，做出「竊取權柄」的動作，結果導致以色列會眾內部的「分裂」， 更帶來耶和華神降災，以瘟疫懲罰，造成死傷無數。

民數記 20 章，百姓又因沒有水喝，聚眾要攻擊摩西、亞倫。

民數記 21 章，百姓又因大肆抱怨、爭鬧，結果引發火蛇入營咬死百姓，就是所 謂的「**銅蛇**」事件。

民數記 22-24 章，以色列遭到外邦術士「**巴蘭的咒詛**」，雖然巴蘭的咒詛遭到耶 和華神的阻止，不過巴蘭臨走前還是給摩押王巴勒提出一個策略，就是用摩押女 子和米甸女子來引誘以色列百姓犯罪。

所以民數記 25 章，就看到了西緬支派宗族的首領:心利，居然公開地帶米甸女子 進入以色列營地中，想要行淫。這些行淫、拜偶像的事，又再次惹動耶和華神的 怒氣，所以營地當中又遭瘟疫，以色列百姓又有許多人傷亡。

以上很快地回顧民數記當中，以色列百姓的「**抱怨、爭鬧、不信、跌倒**」的<曠 野>歷程，民數記這卷書的希伯來文的書卷名正好是<在曠野>(**במדבר**)。

但很有意思的是，到了民數記的最後一段妥拉<**總路程**>，民數記最後一章，民 數記 36 章，經文用 **西羅非哈的五個女兒**，和瑪拿西支派的一個首領，他們和摩 西的這一段對話，來結束民數記這一卷充滿「挫折-失敗」、「困難-挑戰」的曠野 之旅。

這一段對話，就是 **西羅非哈的五個女兒**，和瑪拿西支派的一個首領，講到他們 為了將來進入迦南地，所承接應許的產業和土地的「**滿心渴望-熱切渴求**」，他們 不希望失去所分配給他們的地業。

民數記的結尾，以這段敘事和對話結束，其實有非常深刻的意涵，那就是:儘管 民數記前面記載以色列百姓許多的抱怨、不信、跌倒、甚至屢次想走回頭路、回 埃及去，可是到了民數記的結尾，我們看到的居然是一個美好的結局，大家竟然 已經在約旦河東，對著耶利哥安營，準備要進入迦南地，得地為業。

這其實也是預表日後以色列餘民的「回歸」之路，回到迦南地的旅程，將會是一條充滿「曲折而困難」的道路，但是這條路「回歸-上行」之路，它最後，終究「會成就」，正如民數記結尾所告訴我們的，以色列百姓經過 40 年的痛苦的<曠野>漂流，但在耶和華神的「保守-護衛」之下，他們最後還是抵達目的地了。

是的，透過民數記這卷書，讓我們深刻地知道，「回歸」之路、這條「上行-成聖」之路，雖然一路上是充滿挑戰、困難重重、崎嶇不平的道路，但只要「堅持到底」，「緊緊抓住」神的應許，神一定會幫助我們，抵達我們每個人生命當中的應許之地。

問題與討論：

1. 民數記最後一段妥拉的標題為什麼取名<**總路程**>，這個標題有什麼重要的涵義？ 另外，<**總路程**>篇為什麼一開始就特別提到 **逾越節** 和出埃及？

2. 在第二段信息「考驗信心的路程」一文中提到，在民數記 33 章，經文用了一整章的篇幅，鉅細靡遺地去「記述-回顧」以色列百姓所「安營-駐紮」過的地點。之所以要這麼詳細的去記錄這些路程的細節，共 42 個站點，如此多的站點，這其實是要告訴讀者什麼樣重要的信息和道理？

3. 民數記 35:9-12：『耶和華曉諭摩西說：你吩咐以色列人說：你們過約旦河，進了迦南地，就要分出幾座城，為你們作 **逃城** 』，耶和華神為什麼要在 **以色列地** 上設立逃城，設立 **逃城** 這個聖法的用意和「背後的精神」是什麼？

4. 在第四段信息「**具體的以色列疆界**」一文中提到，在民數記 33 章裡面經文記述出現的「一個格式」是什麼？ 另外，以色列 1948 年復國之後，所經歷的幾次重大的回歸潮，這和民數記 34 章，這是妥拉(摩西五經) 首次具體的描繪到應許之地的「地理疆界」有何關係？

5. 民數記這卷記載以色列百姓<在曠野>生活 40 年遷徙漂流的歷史書,最後以民數記 36 章的一段對話內容,就是: 西羅非哈的五個女兒,和瑪拿西支派的一個首領,講到: 他們為了將來進入迦南地,所承接應許的產業和土地的「**滿心渴望-熱切渴求**」,他們不希望失去所分配給他們的地業,來作一個完美的結局和收尾,你覺得這個結局和收尾有什麼樣「深刻的意涵」？

奧秘之鑰 解鎖妥拉系列(四) 民數記

作者：鹽光

發 行 人：鍾塩光

出 版 者：妥拉坊

地 址：台北市大安區忠孝東路三段 303 號 4 樓之 5

電 話：0916-556419

電子郵件：torahsc@gmail.com

網 址：www.torahsc.com

出 版 年 月 ：2023 年 01 月初版

定 價： 新台幣 888 元

ISBN 978-626-96635-9-0 （平裝）

展售處（銷售服務）：妥拉坊

地 址：台北市大安區忠孝東路三段 303 號 4 樓之 5

電 話：0916-556419

網 址：www.torahsc.com

電子郵件：torahsc@gmail.com

電子書設計製作：伯特利實業有限公司

設計製作：林子平

地 址：台北市文山區指南路二段 45 巷 10 弄 11 號 B1

電 話：29372711